From the HEART of a GENTLE BROTHER

バーソロミュー4

大いなる叡智が語る
内なる神性の目覚め

バーソロミュー
BARTHOLOMEW
ヒューイ陽子 訳
YOKO HUEY

ナチュラルスピリット

バーソロミュー4

――大いなる叡智が語る内なる神性の目覚め

JとJとJとLに。理由は言わなくてもわかっているでしょう。愛を込めて。

メアリーマーガレット

はじめに

これまで数年間、「バーソロミュー」と呼ばれる存在をチャネリングしてきましたが、そこで多くの質問を受けます。なかでもよく聞かれるのは、「あなたみたいに教育もあり知性もある女性が、どうして霊能者みたいな真似ができるのですか」「自分の意識とは異なる意識と交信しているると、どうしてわかったのですか」などというものです。

それに、「こうしたライフスタイルがもたらした大変化に、どう対応したのですか」とも尋ねられます。まず、最初のころの話から始めて、どう徐々に変化してきたかをお話ししましょう。

あの日、治療のために催眠療法を受けていたのですが、のちにバーソロミューと呼ばれることになったエネルギーの渦に出会った後の数カ月間、そして最初の一年はどのようなものだったでしょうか。

＊

メアリーマーガレットは体の痛みの治療のため、昔からの友人でありカイロプラクティックの医者でもあるジョンとルイーザ・エイケンがいるニューメキシコ州ソッコロを訪ねた。彼らは催眠を使って体をリラックスさせるのがよいと判断し、背中の痛み緩和のテクニックとして催眠を勧めた。

「さあ、その廊下を歩いていって、ドアを開けましょう」

そこでドアを開けたら、過去生に戻ってしまった。メアリーマーガレットはこのまったく新しい感覚に驚いた。その時、私たちがのちに「バーソロミュー」と名付けたエネルギーが、エイキン医師に話しかけたのだった。

＊

あの最初の一年を振り返ると、それは興味深くワクワクする日々でした。しかし、それと同じくらいパニックの連続でもありました。

私は禅を実践してきた人間で、この世に永続するものはないと信じていました。ましてやこの「バーソロミュー」と呼ばれるものが自分の人生にそれほど重要性を持つなど、受け入れがたいことでした。

禅の先達たちはみな、そのような可能性があることを認めてはいますが、そうした現象は流れる雲のごとく、あまり深刻に受け止めないようにと教えます。禅の目的は、名前や形のあるものを超越した意識に達することです。ですからバーソロミューが登場した時の私の最初の反応は、「できるだけ早くすべての情報を得て、これを終わらせ、座禅の生活に戻ろう」というものでした。

しかし、みなさんもご存知のように、そうはなりませんでした。それというのも、このエネルギーが私や他の人たちにとって有益なものであることが経験を通してわかったからです。また、このエネルギーが、私たちには見えない、かつ見ようともしないような大きな視点を持っており、それを人々に伝えることで、私たち人間の狭い見方を変える助けになることを繰り返し体験したからです。「自分はただ手助けするためにやってきた兄のような存在だ」とバーソロミューは言いますが、確かにそう思えたのです。

最初の年は、よく怖くなったものです。私は何か巨大なエゴの幻想にとりつかれていて、ひどいカルマを背負い込む結果になり、それを解消するのに何回も転生しなければならないのではないか、などと考えました。そこでこうした怖れとさまざまな方法で向き合い、できるだけ目覚めた意識で対処しようと決心しました。

最初に、自分にできる範囲で、与えられた情報の妥当性に対し、責任を持とうと決心しました。たとえば、バーソロミューが「何かが起きる」と言えば、それが本当に起きたかどうかを追跡調査し確認するのが自分の責任だと思いました。神を求める人に対し、霊的な成長を促すための提案がなされれば、それが役立ったかどうか、変化が起きたかどうか、追跡調査し確認しました。これは私を含めたすべての霊能者に対して言えることですが、この〈地球界〉で確認できる内容が実証されない限り、霊能者を信じてはいけないと思っていましたし、今でもそう思っています。与えられた情報が真実と証明され、明確で、有益であれば、それ以外の情報、たとえば〈見えない世界〉のことや、神の元へ帰ること、また過去生の話なども信じてもよいのではないかと思えます。ですから、これが私の一番の目的になりました。

このチャネリングの仕組みを注意深く観察しました。やがて時がたつにつれ、このエネルギーが話す内容は明瞭で真理だということが幾度となく証明され、私は安心しました。そしてそこで得られる情報や世界観、そして宇宙観は正しいのだろうと思うようになったのです。

私が怖れを克服した二番目の方法は、変化に関して、中国の古典である『易経《えききょう》』を利用することでした。これは、チャネリングのすべての局面を検証する道具となりました。ここで理解していただきたいのは、私はこの非常に難解ではあるがすばらしい本を、何年にもわたり勉強してきたということです。忍耐強く正しく使いさえすれば、私の知るどの方法よりも真理を明確に語ってくれることを、体験上知っています。ですから何度も『易経』に答えを求めました。

質問「バーソロミューと呼ばれる現象やそれをチャネリングすることをどう考えればよいのか」

答え

一、乾《けん》（乾為天《けんいてん》）

偉大なものであるよ、乾の活力は、あらゆる物がそれを受け取って存在することになる。つまり天（宇宙）をも統括している。雲は空を行き雨は地を潤し、あらゆる物が形を現す。時の流れが大いに明らかとなり、卦《か》の六爻《こう》がそれぞれの時に従って完成する。聖人はその時に六匹の龍に乗って天を支配する。乾の働きは変化してそれぞれ天から与えられた性質や天の命令を正しく受け取って、乾の活力を保ち総合するのである。そこで正しい信念の行動が吉《よ》い結果を生む。先頭に立ってあらゆる物に先駆けて、乾の活力によって、諸国は皆安泰である。

（『全訳 易経』田中佩刀 著／明徳出版社より引用。以下同様）

これは明らかにバーソロミューを聖者や聖人、支配者などにたとえたものです。もう一度、易を見ます。

十四、大有《たいゆう》（火天大有《かてんたいゆう》）

大有の卦《か》は、柔順な性格で尊い位に就いており、大いに片寄らぬ公正な態度で地位の高い者も低い者も（高い地位に）対応している形なので大有と言う。その身につけた立派な人格は強く健かで知識が明らかで、天に対応して適当な時期に進んで行く。それによって物事が大いに滞りなく行なわれる。

そして最後に私をもっとも安心させてくれたのは、次の答えでした。

五十、鼎《てい》（火風鼎《かふうてい》）

鼎《てい》の卦《か》は、鼎《かなえ》を象った形である。木（薪）を火に入れて物を煮るのである。聖人（最高の人格者）は物を煮て上帝（天の神）を祀り、物を大いに煮て臣下の聖人賢人を持成《もてな》すのである。人の言葉を素直に受け容れて、耳がよく聞こえ目がよく見えるのである。柔（従順な者）が位を進めて上の地位になり、片寄らない立場によって剛（力の強い者）に対応する。こういう事で物事が大いに滞り無く進んで行く。

怖れを克服した第三の方法は、極めて現実的なものでした。私を含め、バーソロミューの言葉を聞いていた人たちの人生がどう変化したかを観察したのです。そこで発見したことに安堵しました。人々は以前に比べて強くなり、生き生きとして、充実感を感じ、なによりも怖れが減っていました。

「あなた方はその実によって彼らを見分けることができます」という聖書の言葉があります。疑わしい気持ちでいる私から見ても、怖れが減り、希望と安心感が増したということは、正当性があると思えました。

けれどもスタンフォード大学の大学院の卒業生である私は、どうすれば〈理性〉と〈宇宙的思考〉とのギャップを埋めればいいのでしょうか。それは前述のプロセスと同じでした。

やがて、提案されたことを**実践し**、内なる意識を通して**聴き**、そして内なる意識が実際の生活の中でどう動いているかを**観察する**ことが判断の基準となりました。

私の理性は前より助けになったでしょうか。いいえ。〈理性〉と〈宇宙的思考〉、このふたつの思考方式のどちらかを選択しなければいけない状況があったでしょうか。いいえ。むしろ、ふたつの道具を両方とも使うことができるとわかりました。理性で解決できる問題には理性を使う、直感や大きな問題には宇宙的思考を使うというように使い分けることができたのです。ここでいう大きな問題とは、怖れをなくすとか、体や心の痛みの性質を理解しそれに対処するとか、自分の中で神との分離意識がなくなる代わりに全体意識のようなものが生まれているとか、そしてなかでも一番すばらしいのは、誰もが望むあの〈愛〉が生まれてきている感覚などです。身近な人を愛するだけでなく、特定の対象がない普遍の愛です。〃大いなる未知〃のおかげで、ほんの数回だけですが、誰が愛しているのかという主体の感覚さえもない愛も体験しました。

私は優れた高等教育を受けられてよかったと思っています。その恩恵も被っています。けれども、この宇宙に存在するのが〈理性〉だけでないことに深い感謝の念をおぼえます。


最後に、「ライフスタイルの変化にどう対処してきたのか。自分が意識して選んだライフスタイルでもなく、世間の常識から外れた、何か変わったライフスタイルにどう対処してきたのか」という質問に答えましょう。

正直に言いますと、世間の常識から外れていることはそれほど問題ではありません。もちろん中には私のことを変人だとか詐欺師だとか精神異常だとか、ひどい場合には悪魔だと言う人もいます。でもそれは赤の他人が言うことです。自分の心に照らし合わせると、真実とは思えません。私はこうした言葉を心に照らし合わせて熟考します。人が言うことに耳を傾け、それについて考え、それが真理だと感じられるかどうか判断するのは自分の責任だと思うからです。

私にとって真理だと思えるのは、何年もの間、この実験における自分の役割を果たす過程で、私の中で育ってきた愛や平和や感謝の気持ちです。そしてこれは実験なのです。誰も予測のつかない自然なプロセスであり、創造の過程であり、すばらしく伸びやかな開花のプロセスなのです。何かの書類に記入していくような不動の情報ではなく、ひとつのプロセスであり、私はその一部です。最終的に、私はこの実験の実験室なので、この実験そのものの価値を証明するために実験室を調べる必要があります。

チャネリングが始まる前と比べて、私は同じ人間ではありません。自分や世界や人類の将来に対して、もはや不安を抱いていません。なぜなら今の私はもっとも重要な真理を知っているからです。それは、私たち人類は、私たちのことを心から心配し深く思いやり常に守ってくれる〝大いなる現実〟の一部だということです。意識を向け耳を傾ければ、いつでも導いてくれる〈何か〉が、私たち一人ひとりの中にあります。すべての人が、この神秘的ですばらしい意識の拡張に参画しています。人は自分が思っているようなものではありません。人間の限りある頭で考えられる以上のものであり、はるかにすばらしい存在です。人間は〝大いなる無限性〟のすばらしい一部であり、そうであることを発見するのが〈いのち〉の喜びなのです。

目覚める機会を与えてくださった〝大いなるいのち〟に心から感謝します。自分の本質を完全に自覚し、それによって味わうこの上ない歓喜を与えてくださった〝大いなるいのち〟に感謝します。

メアリー　マーガレット・ムーア

目次

第2部　エクササイズ　111

第3部　シンボル・動物界の味方・神話　171

第4部　質疑応答　233

第1部

公開チャネリング

バーソロミューが時々繰り返す真理の言葉のなかに、「二人以上の人が集まれば……」というのがある。時にはそのあとに、「奇跡が起こります」と続く。バーソロミューがグループに向けて話す時、まさにその奇跡が最高の形で現れる。参加者の誰もがそこの集合エネルギーに参画し、程度の差はあれ、みなエネルギーの拡張を感じて帰る。ここに収めた内容は過去数年間の公開チャネリングから選ばれたもので、この本の読者もまた、このバーソロミューと呼ばれる人間の兄弟の〝大いなる叡智と愛〟に参画していただきたいと思う。

1　二つの世界を股にかける

ニューメキシコ州アルバカーキにて

これまでの数カ月は、人間の体が受け入れられるレベルを考慮し、その理解範囲内での話をしてきました。体自身も新しいエネルギーを受け入れるためのシステム作りの途中だということを忘れないでほしいと言いました。今朝はそうしたシステムについて話したいと思います。

＊＊＊

ニューエイジという言葉は今では使い古されたものになりました。しかしこの「ニュー」という言葉について深く考えると、新しいものを受け入れるために古いものを「変える」ことだと気づきます。新しいものを受け入れるのが困難な原因は、体にあります。新しい道は〈意識的に〉

作られなければなりません。このプロセスを無視したままで、この新しくすばらしいエネルギーが体の中にできるだけ早く入ってくるようにはできません。

肉体や感情そして思考面において人が感じている困難の多くは、今起きていることを体が受け取ったり、それとともに動いたりできないことが原因です。物質界での動きが難しくなると、さまざまな障害が出てきます。今までうまくいっていた関係もむなしく感じ、満足していた仕事にも嫌気がさし、真理や心の平安はますます手の届かないものになった気がします。こうした兆候はすべて、今こそ、自分が望む真理や叡智、健康などを得るためにどうすれば障害を乗り越えられるかを考える時だと教えてくれます。

この新しいエネルギーを受け取り維持したいのであれば、受け取る側の責任もあるのだとわかってください。それは他でもありません。単に、自分を常に観察しつづけることです。自分を輝かせ燃え立たせるものは何か、そして生きる気力をそぐものは何か、冷静に観察することです。これまで何年も人は過去の情報に基づいて行動してきました。もう過去の習慣どおりに行動することは許されません。「これまでいつもこういうふうにやってきたのだ」と言って、そのとおりにやろうとするのはもう通用しません。今必要なのは、**全身全霊**で注意を払うことです。自身の肉体と精神と感情と魂の実験室で観察を続けていると、新しいものが常にあることに気づきます。

たとえば、毎日しかたなく仕事に通い、何の喜びもないと気づいたら、転職を考えるのもいいでしょう。いっしょにいたくないと思う人がいたら、その関係をどうにか変えようと日々努力する代わりに、その人から離れることを考える時でしょう。ただし、**一つの関係を捨てたからといって、それを古いパターンで置き換えないでください。新しいパワーで置き換えられるまで、待ってください**。人間の心は空白を怖れます。人は広大なる未知のものに出会って本来の自分を発見することを怖れているので、日夜、外界の出来事や考え事で自分を忙しくしています。こうした事情から、新しいエネルギーから頬をそっと撫でられても、それを受け入れる余裕がありません。自分の人生に何のパワーも与えてくれないような考えや行動で埋め尽くされているからです。ですからここで新しいものについて話すとき、新しいものを創造するには古いものを捨てなくてはいけないことを理解してください。

この新しいエネルギーは地球だけではなく、そのずっと向こうにまで注がれています。このすばらしいエネルギーに包まれるのは、この小さな惑星だけではありません。宇宙のこの部分には、新しい理解のレベルへと押し上げられている広い領域があります。地球の表面で変化が起きています。外に顕われている変化は、心や体で起きている内面の変化を反映しています。そうした変化は、人生を変えるのに役立つ基礎的な道具を示しています。このパワーを継続的に、意識的に受け取るために、自分自身を使う機会が与えられています。願いを常に宇宙に発信すれば、それを受け取れます。

「私をそのエネルギーで満たしてください。欠けたものがないようにしてください。明瞭な意識をもって生き生きと生活するために、体が必要とする変化をすべて起こしてください。お願いします」

その反対に、自分の人生で壊れかけている部分をあれこれ修理して、転んだり倒れたりしながら生きることもできます。

人は誰でも魂の深いところに、非常に強い願いを刻み込んでいます。

「自分自身でありたい。自由になりたい。神との一体感を感じたい。誰に対しても深い共感を持ちたい。優しい心を持ちたい」

自分が何を望んでいるか、人はわかっています。究極的に望んでいるものを明確に知り、それに専念すれば、求めているものが得られます。日常生活に埋もれ、地球界での生活を望みどおりにしようとあくせくしながら、その一方で、このパワーを得ようとしても、それはできません。

今がその選択の時です。何を選ぶかが重要です。魂の奥深いところにある願望のパワーによって、人は変われます。これは昔から約束されてきたことです。

「まず天国を求めよ。そうすればすべてはかなうであろう」（訳注：聖書の言葉）

これは私の必死のお願いです。日常生活から一瞬とも目をそらそうとせず、それに囚われている人たちは困難にぶつかるでしょう。肉体上の問題が起き、心も混乱します。

生活の表面的な部分を変えるだけでは満足しない人が増えています。自分の中の奥深い部分から来る変化を望んでいます。巷でいうようなことはみんな試してみたのではありませんか。無数の瞑想法を試し、何人かのセラピストのところへ通い、何らかの変化はあったものの、心の奥深くでは何かまだ足りないと感じています。生きることにまだワクワクしません。ではどうしたらよいのでしょうか。

充分に意識を向けて専念できる覚悟があるなら、魂の奥深くにある願望に沿って変化することができます。願望を深く感じて心を開くか、心を閉じて抵抗するかです。

新しいパワーが、今、地球に注がれています。これが最先端の方法です。エネルギーに対して規則を作ったりはできません。エネルギーを呼び寄せるための願いを発信し、周りにある精神の磁場を強化する能力が一人ひとりにそなわっています。なるがままに任せてください。変化を求めたのですから、無理に自分のやり方でやろうとしないでください。

エネルギーが入ってくると、表面上の形が崩れてきます。人生には常にあるはずだと思っていたものが消え始めます。怖くなって、それに抵抗したり、代わりのもので置き換えようとしたり、他のもので済ませようとしたりするかもしれません。そうしないで、リラックスすることをお勧めします。

怖れに負けない別の方法を提案させてください。楽でリラックスした意識状態に変えることです。あまりお金にならないことなので、ごく少数の人以外は発達させなかった部分ですが、誰にでもあります。輪廻転生の最終段階では、人生の主な目的は物質界における成功ではありません。

目的は本当のあなた、真我です。日々の生活の中で真我を感じ取り意識することであり、内なる真理を形として現すことです。**あなた自身**の内なる真理です。

あなた方の国、いや、この地球全体は、他人の意見に耳を傾けます。しかし今必要なのは、自分の声に耳を傾けることです。何が自分を喜ばせるか、人は知っています。何が自分を笑わせ、踊る気にさせ、愛させるのか、知っています。けれども自分が知っていることは何なのか、心の奥深くにある叡智に尋ねない限り、人の意見に従いつづけるでしょう。自分にとっての真理を知らなければ、変化は起きません。

毎日、人のことを気にしていますが、誰が無視されているのでしょうか。あなたの真我です。まずは腰を下ろして、自分を心から喜ばすものは何か聞いてごらんなさい。こうした変化がもたらす動きを望むなら、これからの数年間はすばらしいものとなるでしょう。創造的な面があるおかげで、自分の人生は生きる価値があると人は感じるようになります。外に向かって創造する部分が人に生きる活力を与え、毎日少しずつ自分の真理へと向かわせます。ですから自分の中にある創造神に、耳を傾ける時間を毎日作ってください。

誰の中にも何らかの芸術家が潜んでいます。けれども現実的で役に立つ常識的な生活を強いられてきたので、こうした芸術的な能力は、まるで孤児のように人生の片隅に忘れられてきました。人間とはすばらしく複雑な存在だということを理解してください。地球界で生きるには確かに現実的なことに専念する必要がありますが、専念する対象を広げることも考慮してください。本来の自分の声に耳を傾けてください。耳を傾ければ傾けるほど、信頼感が増します。信頼度が高まると、人は拡張します。人は拡張すればするほど、幸せを感じます。このプロセスが繰り返されます。

二千年前の世界も、今と同じような状況にありました。二元性の原理が働く世界で、人々の間に多くの格差がありました。確固とした社会通念が樹立され、誰もがどう行動するのが〝正しい〟か、知っていました。今も同じです。けれども人は今、自分の声に耳を傾けることを学ばなければなりません。自分を信頼し、心の声に耳を傾けるなら、今こそ自分自身にとっての賢者になる時だとわかります。欲しいものや必要なものを自分自身に頼んでみてください。そしてその答えを実践してみるのです。まずは試してみましょう。時には失敗することもあるでしょう。失敗したら起き上がって、別のことを試すのです。

このエネルギーと波長を合わせるには、新しい聴き方を学ぶ必要があります。これまで人は世の中の騒音を聞くのに慣れていました。これからは内面の世界の声を聴く内なる耳を発達させる時です。両方の世界に股がって生きる時です。大丈夫、できます。

〈聖なる人生を生きる〉とは、内なるパワーを意識しながら生きることを学ぶことです。内なるパワーを、肉体を通して表現し、地球界で現象化することです。ですから、内なる声を聴くという目標を立ててください。深い部分で聴き、人生のどん底にあっても平静で生き生きとしていられるように聴きつづけてください。外の世界に意識を向けている限り、平静な心は得られません。〝大いなる無限性〟と日常生活の間の仲裁者になることを学ぶと、それが得られます。

この惑星に聖なるエネルギーを降ろし、そのエネルギーを自分が見たり言ったり行動することすべての基盤とすることは、実にすばらしいことです。聖なるエネルギーを感じるようにしてください。そうすれば、あなたも周りの人たちも自分たちは〈神〉なのだとやがて思い出します。

はるか昔に人は、〈すべては一つ〉という世界を離れ、二元性の次元に移行しました。エゴの部分、小我の部分ではそうした選択はできませんでした。意識の発達に必要だから、そうしたのです。人がこの世界を超越したものを求める気持ちを抱くのは、二元性の世界での実験を終了し、すべてが一つの世界へ戻りたいという魂の深い部分からの呼びかけです。けれどもこの惑星を〈すべてが一つ〉の世界にすることは、むずかしいのです。そのために作られた世界ではないからです。あなた方はこのすばらしい惑星にとって必要でないことをしようとしているのです。

この地球での人生を通して最大限の学びを得ている人が何億、何十億といます。人殺しは満足感をもたらさないこと、所有することよりも分かち合うことのほうに喜びがあること、平和は心の中の問題であって外界の問題ではないことなどを多くの人が学びました。現状を見て、地球はだめだと決めつけないでください。地球はすばらしい教師です。あなたの役目は自分の中の二元性を終わらせることです。自分の中のあらゆる部分を統合できた時に、その終焉がやってきます。

いたるところで人々は変化を求めています。これからやってくるスピリチュアルな大変化が、こうした形で外界に反映されています。どんなところに行こうとも、このエネルギーはあなたについてきます。こうした機会があることがいかにすばらしいか、よく考えてください。そんな機会を見逃せません。この時代に生まれたことは間違いではありませんでした。今こそ、その時です。

幸せを外の世界に求めて、それを追求しつづけていると、フラストレーションもそれだけ続きます。自分の外にあるものに意識を向けている限り、充足感を求めている魂の部分が満足することはありません。二つの世界の架け橋になることを学び、二つの世界が自分の人生の中で最高の形で統合されるようにしなければなりません。魂が求めるもので自分の心が満たされるように願ってください。愛や慈悲心、安心感や喜びを求めつづけてください。そして自分のハートセンターに意識を向けて、それらを感じましょう。あなたのハートの中に、今、この瞬間、それは存在します。

肉体に何らかのエネルギーの変化を感じたら、きちんとそれを認めましょう。何かが起きたのだと知ってください。〝内なる神性〟を強化する時が来ました。一人でも多くの人がそうすれば、他の人たちを助けることになります。よく考えてください。あなた方は、流れる雲の映し出すものや幻影から完全に解き放たれて、真理をはっきりと見せてくださいと頼みました。そのためのエネルギーを送ってくださいと頼みました。この世で責任ある人生を送りながら、同時に〝内なる神性〟を知ることで、生き生きと燃える人生を送りたいと願いました。

二十年前との違いは、今そのエネルギーがあることです。しかもますます強化されています。ですから物事が急速に失われ、変化するにまかせてください。意識を絶えずハートに向けなおしてください。自分にとってどんなに大切なものであっても、どんなに意味があるものであっても、どんなになくてはならないと感じているものであっても、何かが失われた時には、起こるべくして起きたのだと知ってください。次の動きが必ず現れます。

過去の時代にあっては、世界の主たる組織の言うことを聞いていれば、堂々と安心していられました。けれども今、そうした組織は弱体化しています。政府の欠陥が明らかになっています。宗教は人々を、神のパワーで満たすことがもはやできません。しかしそうしたことはまさにあるべき姿なのです。人生に多くの問題が起きてきたら、絶望しないでください。自分の人生は自分の責任だということを思い出してください。真我の声を聴きさえすれば、どんな時にも必要な情報が与えられ、自分の内面も外の世界も強力に支えてもらえると了解して、人はこの魂の旅を始めました。それを思い出してください。あの世は完全にアクセス可能です。あらゆるものの中を動いています。その叡智は常に存在し、常に手が届くところにあります。

心に耳を傾け真理を学び始めたら、それをすぐに周りの人たちに教えようとしないでください。それに反論し、そうではないと説得する勢力が生まれます。変化が喜びやワクワクや元気をもたらしてくれるなどと、一般の人は聞きたがっていません。ですから周りの人たちに対してやさしく接してください。その人たちのことを深く考慮し、理解してあげてください。自分の変化を通して愛の力が強まり、それが外の世界に反映されるようになると、周りの人たちも変化は危なくないとわかります。真我の力を通して起きた変化は完全に安心できるものです。なぜなら、怖れではなく、直感の動きだからです。すばらしいことに、心の声に耳を傾けると、それが正しいことが即座にわかります。直感に根ざした変化には真理の響きがあり、その人や周りの人たちにも安心感をもたらします。

質問：広大なるものに耳を傾けようとした時、何かマイナスのパターンが出てきたら、どうしたらいいのでしょうか。

心は一度に一つのことにしか専念できません。マイナスなパターンが出てきたら、**選択の瞬間**だと思ってください。意思の力で、古いパターン以外のものを求めてください。過去の闇の部分をひっきりなしに切り刻み、再評価し、分析するのをやめれば、新しいものが入ってくる余裕が生まれます。マイナスのパターンを通して欲しいものを手に入れるのは無理だと本当に理解したら、それを変えることを選ぶでしょう。ひとたび自分がフォーカスするものを変えたら、心は新しいパターンを作り始めます。これは簡単にすぐできます。人がマイナス思考を続けるのは、ごみ箱を気長にあさっていれば、いずれ真珠が見つかるだろうと思い込んでいるからです。真珠は海のほうが見つけやすいとやがて納得したら、ごみ箱あさりをやめるでしょう。

気づきや光を求め、拡張意識を求めつづけてください。自分の意識をコントロールしてください。そうすれば、マイナス思考は去ります。マイナス思考というのはエネルギーの渦で、人は常に再生しつづけています。そうしたエネルギーを変えることはできません。またその必要もありません。放っておくのです。その感覚を認めて、すぐに捨てるのです。ごみ箱は放っておきましょう。代わりに海に泳ぎに行きましょう。

今までと違うことをしてください。**自分を拡張してくれるように願ってください。**すると、体の中にこれまでと違ったエネルギーの渦を引き寄せはじめます。細胞レベルで肉体エネルギーが変化します。すばらしい体験になります。体が軽く感じ、喜びにあふれます。人と話す時も、緊張したり警戒したりすることなく、オープンな気持ちで感嘆の念を持って話せます。今こそ、その時です。

本当の変化が起きるには、魂の隅々まで完全に変わる必要があります。あなたのあらゆる面を根本的に変える必要があります。あなたがそう望めば、そうした変化を起こすに充分なパワーがもたらされるという契約を、この地球界に生まれる前に結びました。出発の準備ができたら、〈必要な船〉がやってきます。新しい経験をする準備ができている人がたくさんいます。ですからそれを選んでください。そして私の言っていることが本当かどうか試してください。どんな悪いことが起きるのかという考えにとらわれないでください。ただ一つの役目だけに専念してください。それは、自分の中に〝大いなる光〟を灯すことによって、〝大いなる光〟を地球に根づかせることです。

あなたはひとりぼっちではありません。この地球に生まれたことのある魂は誰でも、神から分離された人間の魂が物質界で生きることの困難を承知しています。そうした魂たちから、パワーや目覚めた意識や共感を今でももらえます。この有限の意識の世界を離れた数百万の魂が人間たちを助けようとしています。呼べば応えてくれます。「見るものすべて、考えることのすべてを愛せる、そんな意識で満たしてください」と願えば、そうなり始めます。これまでもあなた方は決して孤独ではなかったのですが、すばらしいことに、今私たちは前よりもずっと近くにいます。そしてそのことに感謝しています。

2　誰も傷つけない

ニューメキシコ州アルバカーキにて

今はクリスマスシーズンと呼ばれている時期なので、今日はこれまでとは違った形で話したいと思います。

多くの人から深刻な質問を受けました。

「ここが二元性の惑星であるというのが本当で、〝内なる神性〟をより深く理解することを可能にする意識状態が存在するというのも本当であれば、そうした新しい意識に移行するには何が必要か」という質問です。

＊＊＊

一つの可能性をここで提示したいと思います。今していることをやめて、目を閉じてください。少しの間だけ、これまでの既成概念をすべて捨て去り、ほとんど何もないようなエネルギー域に浸ってください。そして新しい概念が浸透できるような、エネルギー場がゆっくりと揺れ動いているところを想像してみてください。

〝神の真理〟と呼ばれるものによって、一瞬のうちに悟りを得られないのは、相容れないエネルギー場が人間の波動の中に存在するからです。簡単に言うと、こういうことです。新しいものを望んでいても古いものを捨てたくないので、新しい考えを何度も繰り返し聞かないと、オーラの中に浸透させられないのです。人は浸透性を持つ存在であり、そうしようと決めれば、いつでも浸透性を強化できます。ですから、自分自身からの贈り物を受け取りたいのであれば、今この瞬間、自分は浸透性があることを思い出そうと決めてください。

今日ここで私が伝えられる最高の真理とはこういうことです。意識の次のレベルに移行し、この物質界で〝内なる神性〟をよりよく表す生き方をするために、人は完全なる悟りの境地にいる必要はありません。アバターである必要もないし、愛と喜びと感動にあふれたことしか考えず、聖人のように行動する必要もありません。けれどもただ一つ、絶対的な目標として努力しなければいけないことがあります。それは五十一パーセント、無害であることです。

なぜ無害なのでしょうか。なぜ愛ではないのでしょうか。人間の愛する能力は、失礼ながら、まだ非常に未熟なレベルにあります。〝内なる神性〟のあらゆる部分を発見しようとしている途中です。ですから地球界で人が愛と呼ぶものは、本物と比べるとはるかに色あせたものであり、想像もできないほどの感動とパワーの可能性がまだ多く残されています。

本物の愛は現在の概念をはるかに超えたものです。そこに向かっていることは喜ばしいことです。今自分が体験している愛がすばらしいと感じるのであれば、〝大いなる愛〟の境地にいたらどのように感じるか想像してみてください。

無害ということがどんなことか、たとえを使って説明しましょう。臨界点という概念を知っていますね。つまり、不安定要素を持つ物質が二つあるとします。そこに、それ自体では大した重要性をもたないものを微量加えます。すると大爆発を起こすパワーが生まれます。

地球界は今このような状態にあります。人はこれまで自分の意識がもっともパワフルに爆発的に開花することを願ってきました。この世界をシンボルとして見ると、それが可能だと信じて当然です。そのよい例があります。核爆発は何かポジティブなことを個人レベルで教えてくれます。核爆発のようなものはネガティブなことを理解するためだけに作られるのではありません。真理をポジティブに理解するためにも創造されます。人が求めている意識の爆発的開花は、もう一つの〝何か〟が加えられて、臨界点に達した時に起きます。〈無害〉というのが、その何かです。

では、なぜ五十一パーセントなのでしょうか。このうち、最後の一パーセントが本物の無害へと人を押し上げてくれます。他の意識次元では、心に思い浮かべたことが一瞬にして実現されるので、自分が創造したものに即時に責任を取らされます。そうした次元では、考えるだけで人を破壊できるので、戻ってきて、何らかの形でその〈代償〉を支払わなくてはなりません。そこで規則が作られ、人間はそれに同意しました。自分や人を傷つけないことを学ぶまで、瞬間的に創造する世界には入れてもらえないことに同意しました。そうした意識次元にいたら、困難なカルマを積み上げつづけるでしょうから、人間のためにはなりません。それよりよいのは、そうした次元に入るための必要条件をいっしょに選んだのだから、人はそれを満たす能力が絶対あると思い出させてあげることです。

では、どうすれば無害になれるのでしょうか。まず自分自身を傷つけないようになることです。

周りの人が何を望んでいるかを考え、人のニーズを満たすようにと、多くの人が教えられてきました。しかしその結果、自分が何を望んでいるのか、いったい自分は誰なのか、わからなくなっていることに、ある日突然気づきます。そしてそうした気づきの後にやってくる言動が、自分や人を傷つけることもあります。〃本来の自分〃は無害であることを心から理解し、この世で**怖れるべきものは何もない**のだと心底納得し、そうした態度で生きるまでは、他の人もまったく無害だとは信じられません。怖れるべきものが何もなければ、自分を守る必要も人を攻撃する必要もありません。人の目に完璧な人間として映りたいとも思わないし、自分にとっての真理を語り、自分にとっての真理を生き、自分のままでいられます。他人が自分のことをどう思うかとか、人がどんな行動を取るかということがまったく自分への脅威にならないと知るまでは、ありのままの自分でいられません。

ここで難しいのは、危害をもたらさないやり方で日々を過ごすことです。その解決策は、あなた自身の中にあります。そのためには、静かに座り、自分の中や周りにあるエネルギーを、どんな評価もせずにただ感じてください。これを毎日続けると、自分のエネルギーが信頼できるものであると感じ、そのパワーも感じられるようになります。

あなたはパワフルな存在です。自分というものの〈前景〉と〈背景〉の現実を体験する能力があります。前景または肉体の前は、動的です。それに対し、肉体の背景は〝大いなる源〟を感じ取る力があります。静かに座ってこれを体験するにつれ、前景と背景を同時に活性化することができるとわかります。前を感じたり後ろを感じたり、交代で感じる必要はありません。一瞬ごとに両者を調和させることができます。

肉体を持って動き回るあらゆる瞬間に、人は背景、つまり〝大いなる源〟にアクセスできます。なぜならそれは、その人の一部だからです。たとえ自分が何をしていても、常に〝大いなるパワー〟に触れているのだと経験上わかってくると、誰も傷つけなくなります。〝大いなるパワー〟は正しい行動とは何かを知っており、邪魔さえしなければ、あなたを通して正しい行動が行われるように導いてくれます。

人は自分の前景だけで生きていると思い込んでいます。それは嘘です。人は常時、後ろから押されているのです。あなた方の中には耐えがたいほどの困難に直面した人がいます。どうやってあんな困難を乗り越えたのだろうと自分でも不思議に思うでしょう。そうした時にもずっと、見えない世界があなたの背中を押し、動かし、他の選択肢を見せてくれていたのです。〝大いなる源〟が常に促してくれているのに、人は気づいていません。ですからそれを感じられないのです。

どうすれば、そうした促しに気づけるのでしょうか。そもそもどうすれば、あらゆることに気づけるのでしょうか。唯一の方法は、そうした動きに対して、意図的に完全にオープンになることです。意識をそうした動きに向け、積極的にコミュニケーションを図るのです。どういうことかというと、目の前に見える外界の動きだけに意識を向けるのではなく、内側にある背景の動きにも気づくということです。友達に味方になってもらって助けてもらおうと思うなら、友達のほうに顔を向けて頼まなければなりません。

多くの人が期待していることがありますが、それはごく少数の人しか得られません。勝手に自分で作り上げた何かすばらしい宇宙の〝存在〟が目の前に現れて、感動的な体験をするのを多くの人が待ち望んでいます。けれども神々は、突然あなたのリビングに現れて美しい踊りを見せてくれた後で、「元のつまらない生活に戻りなさい」と言ったりはしません。超常体験をする人もいますが、それは、もっとすばらしい現実が存在することを教えてくれているだけで、この地球界にやってきた目的を果たす任務は依然として残ります。人生の目的は、神々にリビングで踊ってもらうことではありません。目的は、自分の存在の奥深いところで〈無害さ〉が美しく踊ってくれることです。これは大いに実現可能です。五十一パーセントというのは多くの人にとってそれほど難しいことではありません。けれども五十パーセントと五十一パーセントには大きな差があります。この場合、ほとんど近いというのでは意味がありません。

自分の取った行動が無害であるかどうか、人は知っています。無害でないとしたら、なぜ自分は人や自分を傷つける行動を取るのか理解することが大切です。傷つける行動を取ったことを批判するのが目的ではありません。心の中にまだ未解決の問題がある時、人はどうして無害でいられるでしょうか。誰かを傷つけたいという気持ちが湧き起こってくるのに気づいたら、その理由を自分に尋ねてください。誰をも傷つけない生き方が目標なら、こうした行動は何を教えてくれるのでしょうか。それを理解するのに、今何ができますか。無視しないでください。そうすると結局それに負かされます。人を傷つけることをしていると認められるレベルまで下りていって、なぜ怖れているのかを発見しなければいけません。どの瞬間にあっても、何が起きていても、それを怖れなくなった時に、誰をも傷つけないという態度が生まれます。

自分の行動に対する責任をきちんと取ることができて、自分の怖れがどのような投影《プロジェクション》（訳注：心理学用語。自分の感情や思考をフィルターとして外界の現象を解釈する。巻末の「バーソロミューの使う言葉の定義」参照）を行っているかを見抜けることが増えてくると、人を傷つけなくなります。

五十一パーセント無害になる人の数が一定数に達すると、この地球を変革する力になります。それができないとしたら、大多数の人がそれを望んでいないからです。そして地球は大多数の人が望むことをします。地球の未来は予測できません。というのも、どの瞬間にも五十一パーセントの同意を得る可能性があり、地球の人々の意識の変化に伴って地球も変わるからです。臨界点は一瞬にして達せられます。あなたがすべきことは、自分はどちら側にいるのか、明確にすることです。

たとえば、この地球上のどこかで起きているひどい飢饉も、ひょっとしたら、人を臨界点まで動かすために役立っていると言えないこともないでしょう。この世界に対する大きな計画は人々にはまだ見えないし、またそれに従って行動することもまだ起きていません。ですから人に対して何か言ったり考えたり行動したりする時に、自分が人を傷つけていないかどうか確認するのがあなたの役目です。自分が人を傷つけているとしたら、それを相手のせいにしないでください。自分にどんな問題があるのか探ってください。周りで起きていることは問題ではありません。

人間が臨界点に達するのが遅れている理由のひとつは、自分が生きやすくなるために、周りの人の問題を解決して現実を変えようという努力ばかりしているからです。これは、他の人が体験していることはどこか間違っており、無駄なことだと決めつける行為です。そうした態度は自分にも人にも役に立ちません。**優越感から人を裁くと、相手はひどい敗北感を味わいます。**神意識を具現化しようとする人にとって、優越感は非常に悪い態度です。問題点は単純です。

「何事も、自分にしてもらいたいことは、他の人にもそのようにしなさい」

こんなふうに人から扱われたくないと思うなら、そんなふうに人を扱わないでください。自分が何かを言っている時に、有限の小さな自己から話しているのか、広大無辺の〝大いなる自己〟

から話しているのか、自分でわかっているはずです。やがてあなたは広大無辺の境地から話すようになるでしょう。そう教えられたからではなく、自分にとってそれがベストだと気づくからです。現在の意識状態からより広大無辺な心境に移行するためには、誰をも傷つけたくないと望むことが絶対不可欠です。

〝大いなる自由〟の境地にできるだけ早く到達したいのであれば、ここで話したことを真剣に考えてください。そのあとで、自分を批判することなく、そうした言動の結果に責任を持ってください。考えや言葉や行動を通して、自分はどのように人を傷つけてきたのか見つけてください。そのあとで、自分を批判することなく、そうした言動の結果に責任を持ってください。自分が攻撃されないとわかっていると、安全だと感じられます。

多くの人にとって、こうした安心感は限られた少数の人との間で感じるもので、それ以外の人とは感じられません。あなたが無害な状態でいれば、ほとんどの場合、同じような状態を引き寄せます。ここは対等な者たちの宇宙です。反響し合う波動のどの地点にいるとしても、人は自分とほぼ同じレベルの波動を持つ人たちを周りに集めます。もちろん場合によっては、自分とは異なる波動に意識的に移動して、そこで起こることを通して自分の中の〈ある部分〉を理解しようとすることもあります。こうした場合はたいてい低い波動に移行します。

自分に必要のないものを引き寄せることはありません。人から傷つけられることを怖れて、自分を隠して生きようとすると、必ず傷つけられます。無害な生き方は自分を信頼することから生まれます。自分は信頼できる人間だと認めると、同じように信頼に値する人々が自分の人生に引き寄せられてきます。そして一層、信頼の輪が広がります。今度はその輪が信頼できる人をもっと引き寄せるというように、延々と輪が広がりつづけます。自分や人を傷つけるものすべてを見つけ、それを認め、そして解き放つことを通して、人は臨界点に達します。地球規模で無害な状態が生まれるのは、無害な領域が増えて合流し、そこで生まれたパワーが増して臨界点に達した時です。

この惑星がそうした臨界点に達すると予言することはできません。私に言えるのは、もし臨界点に達しなかったとしたら、少なくとも五十一パーセントの人が望まなかったからだということです。けれども望む人たちに約束できるのはこういうことです。気づきの状態を失うことなく、この惑星を去る方法が見つかります。喜ばしいことに、自分の臨界点は自分で決められます。人には選択の自由があるので、どの瞬間にも自由が存在します。自分がしていることや考えていること、感じていることをあらゆる瞬間に敏感に気づいていると、気づきをマスターできます。あなたの意のままです。

自分が五十一パーセントに達したかどうかは、達した瞬間までわかりません。あなたにできることは、その目標を常に明確に意識することです。すると爆発的瞬間がやってきます。臨界点に達するかどうかは、完全にあなたのコントロール下にあるので、あらゆる瞬間が重要です。

＊＊＊

二月の初めのこと。ガリラヤ湖に浮かぶ小さな船の甲板に求道者が二十八人座っている。彼らは多くの点で異なる過去を持つ人たちだが、何日も生活を共にし、次のあるひとつの質問に対する答えを求めようとしている点で一致している。

「神から分離されているように見える苦しみの中で、どうすればただ一つの世界、ただ一つの命、ただ一つの存在、ただ一つの神を見ることができるようになるのか」

その答えは、今この瞬間から自分の中にある〝内なる神性〟の中で生き始めることです。日々の生活の中で、絶えず意識を心の中に向け、自分の状態を調べることです。外の世界に渡したパワーを取り戻し、それを内に向けます。外の世界の規則に従うのをやめ、エゴや欲望のルールに従うのをやめると、これまで求めてきた平和の感覚が現実となります。これは勇気ある生き方です。というのも、自分の選択したものに絶対的な責任を取ることを意味するからです。

すべてを知っている部分が、誰の中にもあります。エゴの欲望があるので、そうでないふりをしていますが、究極のところ、人が本当に求めるのは心に愛を増やすことであり、人生を正しく生きているというすばらしい安心感を増やすことです。これがあれば、人は幸せでいっぱいになります。

エゴは一時的に誤解しています。これまでの人生を振り返って内省するとわかります。どうしても欲しいと思ってやっとの思いで手に入れたものも、実際にはそれほど深い満足感を与えてはくれず、長続きしなかったでしょう。エゴの望みをかなえようとすると、きりがありません。自分の内面に沿った生き方をし、どんな行動が人を傷つけず無私無欲で愛情深いかを明確に知ること――それを唯一の目標として生きると、他のどんな目標がなくとも、いわゆる悟りの境地に達します。けれども他の目標も同じくらい重要だと思っていると、カルマの法則に従うことになるでしょう。

一つのことに目を向けていると、あなたの〝内なる神性〟も完全無欠になります。あらゆる行動を通して、平和と愛ある親切心を実践することを唯一の目標とするなら、悟りを得るでしょう。

勇気を出して世間のルールを捨て、生きるにあたっての唯一の基準は自分の内なる教師の指示だときっぱりと決断する――それが勇者であることです。誰もあなたの答えを知りません。他の誰にもできません。自分で答えを見つけなければいけないし、そして次の瞬間には自分で選んだことに絶対責任を取らなければいけません。内面の指示に少し変更を加えた後で、それが自分勝手なものに思えたら、そこから学ぶ覚悟をしてください。それを完全に捨てるように自分に言い聞かせ、これも自分の完全性を追求するプロセスの一部なのだと理解することです。

罪悪感を持たないこと。責めないこと。操作しようとしないこと。ただ手放すのです。学びの機会だと認めて学び、前に進んでください。

私はここであなた方に非常に高度な要求をしています。というのも、こうした生き方は意識を絶えず研ぎ澄ませている必要があるからです。教師は自分の心の中にいることを常に自覚していなければなりません。そのためには、心を静め、内なる教師がいることを感知する必要があります。何をしている時でも、心の中の声に耳を傾けながら生きることを学ばなければなりません。これが最も高度な使命です。

最終的には、これこそが、永続する安心感や継続的な愛、そして光とは自分のことだと知る感動をもたらす唯一のものです。光は外に向かって輝き、必要なところに流れていきます。ですから善悪の判断をしないでください。**人は皆、発展途上にあります。同時に、人は皆、すでに完全に〝大いなる存在〟に満たされています。**

こうして気づく作業が終わったら、この人生ですべきことは、怖れを捨て、罪悪感を捨て、自分を制限するものを捨て、そして習慣に囚われたり自然発露的行為を妨げたりするような思考を捨てることです。

自然のままに自由に生きることを考慮するように、これまで繰り返しお願いしました。誰をも傷つけず、同時に何をも犠牲にしない、感動に満ちた自然体の生き方をすることを検討してください、とお願いしました。私からすると、それこそが、〈聖なる人生〉を生きるということです。神が自分に何を望んでいるかは、その選択肢が目の前に現れるまでわかりません。その瞬間が訪れるまでは、すべては知的作業であり、過去であり、他の人間のことであり、記憶であり、制限にすぎません。唯一生きるべきところは、自然発生的な〈今ここ〉だけです。正しい行動や正しい言葉、正しい愛はそこにしか見つけられません。

人間がこのすばらしい創造界に肉体を持ってやってきた時、あるパワーを持ってきました。すべての歩みが〝大いなる故郷〟へ自分を向かわせるのだと深く自覚して、もっと大胆で深い気づきに満ちた生き方をする、そのためのパワーです。そのことを思い出してください。他のことはすべて忘れてしまっても、自分の中にあるパワーは忘れないでください。思考に頼るのではなく、心の中のエネルギーに頼ってください。思考は使い古した行動パターンしかくれません。これまでの生き方のパターンを繰り返したりして、そうしたエネルギーを浪費しないでください。真の教師が心の中にいて、自分に理解できる形や方法で語りかけてくれると信じるなら、悟りはもうすぐです。

私はあなた方に心から感謝しています。あなた方の苦労に感謝しています。あなた方の喜びと悲しみに感謝しています。そして何よりも、あなた方が勇者となってくださったおかげで、新たなエネルギーが生まれ、それを必要なところに持っていけることに感謝します。そしてあなた方はとても愛されているということを、どうか忘れないでください。すべての面で完全に愛されています。あなた方と共に過ごすことができたことを嬉しく思います。そしてあなた方も私を喜ばせたいと思っていますね。ですから、どうか私を道連れにしてください。私をそばに置いてください。あなた方のそばにいられるのは私の喜びです。あなた方も私がそばにいるのを喜んでくださるように願っています。

3　宇宙船チャレンジャー号と挑戦《チャレンジ》

ニューメキシコ州アルバカーキにて

一九八六年一月二十八日、米国はそれまでもっとも大がかりな宇宙探索を試みた。宇宙船チャレンジャー号の乗組員は、男性五人と女性二人で構成されていた。東海岸時間午前十一時三十九分、チャレンジャー号はケイプケネディの空高く轟音を鳴り響かせて打ち上げられた。そして次の瞬間には、それをテレビで見ていた何百万という視聴者の目の前で爆発し、世界を驚愕させた。国民は「なぜこんなことが……」と悲嘆にくれ、この大惨事のショックは何カ月も続いた。

＊＊＊

ここ数週間にわたり、チャレンジャー号の事故に関する質問が寄せられ、米国にとって、そして世界にとってこの事故の意味するものは何かと聞かれました。

この質問に答える前に、現在の人間の視点は肉体や精神体の制約を受けているという点を理解してほしいのです。この視点の制約は意図的なものです。というのも、人間の役目の一つは、高いレベルの神のようなパワーを、肉体という〈道具〉を使ってこの世に具現することだからです。ですからこれは間違いではありません。人間の勇気に敬意を表します。

そうは言っても、チャレンジャー号の事故のようなことが起こると、人間は肉体と思考を使ってしか対処できないので、どうしても直線的思考に陥り、個人的レベルで受け止めてしまいがちです。原因と結果を一直線上に並べます。けれども〈神の創造〉は直線的ではなく、爆発的です。出来事はどっと広がる形で起こり、より広い意味でのパターンでつながっています。ほとんどの人はまだこのことがよくわかっていません。ですからチャレンジャー号の爆発事故のような出来事に関してどんな意味があるのかと人が尋ねる時、〈神の創造〉における爆発について理解したいという意味にもなります。あらゆる出来事が驚くほど重要であり、いかに深遠であるかを理解したいと言っていることと同じです。

頭だけで理解しようとすると、限界があります。チャレンジャー号の爆発事故のような出来事は、頭だけで理解するには規模が大きすぎます。あなたの意識の中や周りには、思考以外の部分があり、その部分が常に考えを送ったり、ある方向へ促したりしています。これは肉体や顕在意識では気づいていない部分です。ですからこれから私が話すにあたって、より深遠で広大な〝内なる神性〟の部分を使って聴いてください。そうすれば、今日話すことはほんの一つのアイデアにすぎないこともわかります。人生で起こるあらゆる出来事には、実に無数の理由があります。地球界はカルマの法則だけに従っていると主張するなら、それは非常に低いレベルの創造モデルについて話していることになります。カルマの法則は一定の範囲内では真理です。けれどもそれは唯一の真理ではありませんし、最終的な真理でもありません。

チャレンジャー号の爆発事故について考えるにあたり、まず行動の動機を検討することで視野を広げましょう。動機が明確で真実であるなら、その結果が無害であることは保証されています。ですからこれより先に話を進める前に、米国の宇宙計画の動機は何だったかと尋ねる必要があります。宇宙計画を立てた責任者は、それが科学的にも医学的にも重要かつ必要なものだと思ったのでしょうか。それとも、ほかの国、たとえばソ連よりも強大な国だと世界の人々に思われたいからしたのでしょうか。どちらの動機が強かったのでしょうか。

宇宙総合計画のすばらしい点は、人類が何をしたいのかを象徴的に示してくれることです。人類は自分の深い部分を探り、外に広がり、より広大になりたいと望んでいます。ここで理解しなければいけないことは、広大無辺さを外に求める動きは、同じように広大無辺さを内面にも求める動きでバランスを取る必要があることです。宇宙とは、人が外に向けて発した希望を目に見える形にしたものです。けれども最終的には、自分の内面にあるものを見つめる必要があります。

今日、あなた方の周りにある世界は、人々のニーズや願望、助けを求める絶望的な声に満ちています。超大国の一つが、「人類の住み家であるこの惑星で、まずできるだけのことをしよう。自分たちの住み家が完全な調和と美と感動に満ちた場所になったら、その時には外の世界や地球外に出かけ、そこから学ぼう」と言っていたら、こうした助けを求める声は応えられていたはずです。

ご存知のように、この一月の打ち上げに関しては多くの危険信号が出ていました。直接の担当者たちは発射すべきでないと直感的に知っていました。明らかにははっきりした危険信号が出ていました。けれども理解できないほどの強力な圧力があり、自分たちの直感を無視して、チャレンジャー号を打ち上げました。

このことから地球の人々が学ぶべきことは非常にシンプルです。直感の声を無視したら、自分を困らせるものを打ち上げてしまいますよ、ということです。直感は人を正しく導こうとしますが、人はそれに耳を貸しません。人に気に入られたいとか、人よりも自分をよく見せたいと思う時に、直感を無視します。直感に従うのをやめて、周りの期待に沿う行動をする羽目になります。チャレンジャー号の事故はこれを象徴的に示しています。多くの人が直感的に「ノー」と感じていたのですが、理性的で現実的な人たちが、「打ち上げを決行すべきだ。すでに予定よりかなり遅れている。これ以上遅らせると恥だ。何としてでも今打ち上げるべきだ」と主張しました。それで、実行しました。どうか自分の中にもこうした傾向があることを認めてください。自分に対するのと同じくらい、この人たちの気持ちもわかってあげてください。自分も直感を無視して多くのことを打ち上げた経験があるでしょう。あとになってから、「こうなることはわかっていたんだ。ちゃんとわかっていた」と言った覚えがあるはずです。世界中の人たちがテレビであなたを見ていなかったことに感謝してください。

地球界でさまざまな出来事が起き、物事が前進しました。あなた方は外に出ていく準備が整いました。この打ち上げは、宇宙に出ていき、将来的にはそこで生活するためのパターンを築く最初のステップとなるはずでした。けれども前にお話ししたように、人間が宇宙に行っても完全に無害になるまでは、誰もこの地球空間を完全に離れることはできません。というのも、現在のところ、こうした宇宙計画の責任者の行動に、ある種の利己的な動機がみられるからです。

宇宙空間の奥へ奥へと、こうしたエネルギーを送り出すとどういう影響があるかという基本的な問題を、彼らは理解していません。連鎖反応という現象があります。たとえば、人間が宇宙にコロニーを建設するとします。ところがある日、何かの原因でコロニーが壊滅します。そうした爆発の結果、そうした行動の結果、反応パターンが外に向かって動き出します。エネルギーが生まれて、別の爆発を誘発します。ある意味で、これは完全に物質レベルでの現象です。人間が誰をも何をも傷つけないで宇宙を探検することを学ぶまで、人間にとっても宇宙にとっても、人間の宇宙計画は安全ではありません。というのも永久的な連鎖反応が起きるからです。

自分たちの行動が安全であるかどうかを直感的に知る能力を人間たちが使いこなし、その準備が整ったなら、その時は宇宙もろ手を挙げて人間を歓迎します。けれども現在の時点では、よその国、たとえば中国やイラクが同じような宇宙船を打ち上げようとしたら、どうなると思いますか。どういう状況が生まれるでしょうか。平和に協力し合う二つの宇宙船が合体するのでしょうか。それとも、地球上で未解決の憎しみが宇宙でも継続するという怖れが生まれるのでしょうか。そうした国々に現存する不信感が、そのまま宇宙に送り出される可能性はないでしょうか。

地球が調和で満たされるまで、地球で体験するのと同じものを宇宙のような清浄な環境に伝播させるのは賢明ではありません。宇宙は汚れのないきれいな空間です。現時点ではまだ満たされておらず、待っている状態です。何かすばらしいものの誕生を待ち受けている子宮にそっくりです。宇宙はより偉大なものになりたがっています。何か新しいものを産み、それを抱擁したいと願っています。この子宮にどんな種を植え付けたいかは、人間が決めることです。地球上での紛争を終結するまでは、人間は宇宙に飛び出して新しい世界を作る資格はありません。

チャレンジャー号の爆発事故は、見えない世界、ベールの向こう側からのメッセージでもありました。

「どうかそこにとどまって、地球上の問題をまず解決してください。人間が調和とバランスに満たされるようになったら、〝大いなる広大無辺さ〟は人間を大歓迎します。そうなったら、どうぞいらしてください。その時にはあなた方が持っているものや知っていることを、どうか私たちとシェアしてください。その時が来るまで、この二つの領域が切り離されているほうが人類にとっても宇宙にとっても安全です」

無害であることが基本的な課題です。ですからそれについてもう一度話しましょう。無害な行動とはどういうものか、どうしたらわかるかとよく聞かれます。その答えは心の中にあります。正しい行動とはどんな感じがするものかを知る能力が、誰の心の中にもあります。それを忘れないでください。

祈りや瞑想を通して、または助けを求めたり、自分の心に聞いたり、その瞬間に適切だと思われる方法で、この能力にアクセスできます。すると非常に親密で実感を伴った創造的な意識で反応してくれます。大きな出来事であれ、些細なことであれ、何かの出来事を目前にした時、大胆で広い視野からの計画を知っている意識の部分に尋ねることができます。その部分が必要な情報を喜んで与えてくれます。その部分は、これまで体験したことのすべてを知っており、あなたの感動や美、叡智の宝庫です。〝全知全能〟と呼べる部分で、誰の中にもあります。その部分は呼ばれるまで待っていて、呼ばれたら、知っていることを教えてくれます。何が無害か、その部分が知っています。

これまでのすべての転生での体験から学んでいるので、無害とはどういうことか、人は心の奥で知っています。有害であるとはどういうことか、はっきりと理解しているからです。ある出来事を心に浮かべ、それが有害であるか有害でないか、自分に尋ねてください。答えが返ってきます。心の奥深くに直感的な部分があって、「これはみんなのためにならない。だから私はしない」と言います。これができなくなるのは、「自分はどうしてもこれが欲しい。それも今すぐ欲しい」と思う部分が、無害を知っている部分と真っ向から対立する場合です。ですからこれを解決するには、体を落ち着かせて、無害について知っている直感の声に耳を傾ける時間を充分に作ることです。

瞑想をして意識を研ぎ澄ませる練習を勧める理由の一つは、このすばらしい直感の声を聴く能力を磨くためです。何かの決断をする時には、どんなに些細なことであっても、理性に答えを求めないでください。代わりに、心の中に意識を向けて、「これはどんな感じがするか」と尋ねてください。これを一日百回してください。何を食べて何を食べるべきでないか、どの仕事をすべきでどれをすべきでないか、何を言うべきで何を言うべきでないか、的確にわかります。あなた方はまだこうした心の会話に慣れていません。習慣的な行動や思考パターンに従ったり、人の言うことを聞いたり、理性に頼ったり、その他もろもろのことをしてきたからです。

どうすれば安全でいられるか、直感が教えてくれます。**自分にとって何がベストか、そしてその延長として、みんなにとって何がベストか、自分の心に問えば、安全でいられます。**神はえこひいきしないことを思い出してください。

無害について別の方法で語るとすると、それは〝大いなる愛〟について語ることになります。

〟大いなる愛〟をもっともシンプルな形で表現するなら、それはエネルギーの渦で、人の願いに応えてハートのチャクラを大きく開き、愛ある行動とは何かをわからせてくれるもの、と言えます。

ハートのチャクラというものが確かに存在し、それは開くことができます。〟大いなる愛〟は心の中に存在し、自然と沸き起こるパワーです。愛ある考えとは何か、愛ある行動や言葉とは何かを知っていて、それが意識の他の部分に入っていきます。ここで問題なのは、あなた方はいつもおしゃべりしていることです。毎朝起きたら、次の言葉を意識の奥深くに刻み込んでください。

「今日はできるだけ意識を心の中に向けよう。導きを求め、直感の促しに従い、自分にとって真実だと感じられた行動を取る勇気を持とう。そして使い古された習慣的なパターンではなく、直感の声に従おう」

今の自分の人生を変えるパワーが実際に存在すると感じられるようになったら、身をまかせる可能性が生まれたことになります。「もうどうしてよいかわからない」「失恋をどう乗り越えたらよいかわからない」「怒りに負けて愛のない行動を取った」などと認めることができたら、これまでそんなものがあることさえ知らなかったような心の部分から助けを得る可能性が生まれます。

身をまかせるとは次のように言うことです。

「私にはもう何もわかりません。知っているつもりだったことがどれもうまくいかなかったので、もう全部あきらめます。ですから教えてください。自分で自分に教えることはできません。ほかの人も私と同じことを言っているだけなので、人に教えてもらえるとは思えません」

こう言ったあとでは、古いものを脇に置いて新しい情報が入ってこられるように意識を研ぎ澄ますことに専念するようになります。こうして人はやっとスピリチュアルな道を歩むようになります。あなたに今進歩がないのは、新しい情報が入ってきていないからです。新しい情報が入ってこないのは、現在の自分の意識以上のものに耳を傾けていないからです。

人が神意識を具現化したいと言う時には、自分の周りに常に存在する周波数の高い回路につながりたいということです。より高い意識の声を聴こうとするなら、不断の努力と改良が必要です。自分の習慣を改善する必要があるし、内面の声を聴こうとする時の肉体の反応の仕方を改良する必要が絶対にあります。

求道者の役割は二つあります。求めることと、聴くことです。

何かすばらしい反応があるだろうと期待しながら心の中に耳を傾け、それに従うことができると信じるなら、これまでとはまったく違った人生を生きるようになるでしょう。その副作用としては、肉体が健康になり、若返り、生き生きとし、人生の幅が広がり、より創造的になるなど、誰もが望むようなすばらしいことが起きます。こうしたことはどれも求めたり聴いたりすることの副作用です。

謙虚な態度で「教えてください」と願う時、どれだけの助けがいっせいに訪れるか、人は想像もできません。あなたの周りにはいつも助けの手が伸びています。

以前に精霊の話をしました。精霊というのは、あなた方の周りに常に無数に存在する助けのほんの一例です。答えを聴く能力が自分にはあると信じて求めはじめると、答えが聞こえるようになります。簡単にできるようになります。スピリチュアルな道は難しくはありません。その道程で起きる高揚感や喜びや気づきを、ぜひ体験してほしいです。

その入り口はあなたの中にあります。そうしたいと思えば、開きます。今のところ、どのような助けが可能なのか、人はまったくわかっていません。あなたは一人で旅をしているのではありません。もしそう思っているのなら、次の簡単な実験をしてください。毎日、自分の周りにあるエネルギーに向かってこう言ってください。

「私の体に入って、古い観念を新しい意識に変え、細胞の中に入ってもっと生き生きとさせてください」

私のこれまでの経験では、ある程度の期間にわたって助けを求めた人間に対して、その求めが拒否されたことは一度もありません。今の人生に不満で、もっと良い生き方があるのではないかと思うのだったら、そう願ってください。

高い波動のパワーは、肉体がどの程度まで耐えられるかを直感的に知っています。それがパワーの贈り物であり思いやりでもあります。あまりに高い電圧を一度にかけると、あなたの回路は燃え尽きるでしょう。この時に邪魔になるのはあなたの食生活ではなく、あなたの信念体系です。実に大量の邪魔になる考えや、凝り固まった考え、ごちゃごちゃした考えなどが、信念体系を通して蓄積されてきました。ですからエネルギーが体内に入りだすと、痛みを感じることがあります。体が震えたり、ぴくっと動いたり、体のあちこちが痛みはじめたりすることがあります。高い波動のエネルギーにコンセントを差し込むと、古い信念体系が作り出した障害物にすぐにぶつかり、この信念体系がグリッドの役目を果たすので、エネルギーがうまく流れません。ですからこうしたエネルギーに教えを求める時には、その人の受け取る能力の範囲内で教えてくれます。すると静かに穏やかに着実に変化が起こりはじめます。

何でも役立つと思えることをして、変化を促進することはできます。けれども常に求めることを忘れず、より高い意識への不断の努力なくしては、ほとんど何も変化しません。あなたの生きる目的が愛を増やし、自分を最大限に生きることであるなら、あらゆることの意味が変化し、すべてが価値あるものとなります。自分が何をしているかは問題でなくなります。どんな行為や出来事の真っただ中にあっても、「教えてください」と言うことができます。心の奥深くにいつも意識を向けていると、高い波動の回路に反応しはじめます。回路を新たに作る必要はありません。

それは神から与えられたものであり、今ここにあります。エネルギーは思考に従います。思考がそうした回路に沿って流れると、人は輝きはじめます。実はシンプルなことです。人間の心はすばらしいことをしたり、人を楽しませたりすることに使えますが、それがかえって問題なのです。その結果、来る日も来る日も一瞬ごとに、こうした意識を求めつづけることが難しくなります。けれども〝大いなる光〟に満たされる可能性があると信じるのなら、そうした心の動きに惑わされないで、自分はすでに自分が求めるものなのだと自覚して、心安らかでいる必要があります。

〝大いなる故郷〟とはどんなところだと思いますか。それはあなたの心の中にあって、〝あらゆるものの源〟について完璧な知識を持っている部分です。それに触れたとたん、すべてがシンプルで安全で喜ばしいものに変わります。それをもたらすのは、あなたの意志であり、望む気持ちであり、より高い波動と混じり合いたいと願う気持ちです。あなたはすでにこうしたものを生み出しています。

たった一つのシンプルなことをするだけで、悟りの境地を生み出せます。悟りの境地はすでに存在するということ、自分の中に今この瞬間あるということを思い出すことです。この事実を自分のものにしてください。自分が悟っていたら、どう行動するだろうか、何を言うだろうかと自分に問いはじめてください。すでに悟っているなら、どう人と接するだろうか、この状況にどう対応するだろうかと自問してください。どんな気持ちがするでしょうか。自分にチャンスを与えてください。まるでそうであるかのように行動しはじめてください。悟りの境地はすでにそこにあり、それを行動に移すことができると信じてください。新たに作り出す必要はないのだと信じてください。すると悟りの境地が本物に思えてきます。

人生のあらゆる瞬間を動かしているのは、その人の信念体系です。自分は限られた能力しかない人間だという信念を、次の真理と置き換えてほしいのです。あなた方は信じられないほどのパワーを持つすばらしいエネルギーの渦で、いのちとパワーにあふれ、この地球界であれ、どこであれ、どう行動したらよいかを確実に知っています。

人は自分の周りにある助けの手を肉眼で見られないので、肉眼で見えないものはなかなか信じられません。それが人間の問題です。ですから唯一残された道は、心の目を開けて見ることです。

自分がなりたいものに自分はまだなっていないという誤った考えは捨ててください。人は誰でも、自分が何になりたいか、この世界でどう生きたいかを正確に知っています。それを知らないと思うのは悲しいことです。けれども人は知っています。そしてわたしはあなた方を〝大いなる故郷〟へと呼び戻しています。できるだけ多くの瞬間に、心の中に意識を向け、耳を傾け、助けを求め、それを感じ、体験してください。このシンプルなプロセスを守ってください。そうすると、いつの間にか〝大いなる光〟で満たされはじめるでしょう。まわりの波動がどんどん速く回転しだすので、〝大いなる光〟に満たされていくのです。

ここで私たちがお願いしていることをどうか実践してください。一人でも多くの人が〝大いなる光〟に満たされ、〝大いなる光〟とともに世の中と関われば関わるほど、この惑星の〝大いなる光〟が増します。ですからこのことについて考えてください。あなたがここにやってきたのはそのためです。それが旅路であり、目的地です。これ以上、先延ばしにしないでください。どうか、自分が〝大いなる愛〟であり、〝大いなる光〟であることを自覚しはじめてください。

4　ディーバの世界

ニューメキシコ州タオスにて

タオスでのワークショップのほとんどは、町の西側にあるメサ（訳注：米国南西部に見られる頂上が平らで周囲が崖の地形）の頂上にある小さな六角形の木造家屋の中で行われる。ここからはタオス山が何にも邪魔されずに眺望できる。この山は世界のパワースポットの一つだという人も多い。バーソロミューがこの場所を選んだ理由の一つはこの山であり、この山が持つエネルギーである。

＊＊＊

おはようございます。多くの人から繰り返し聞いていることと思いますが、いわゆる「ニューエイジ」と呼ばれるものの特徴の一つは、人間の目には見えない意識状態があるという現実に、人間の意識が目覚めることです。こうした意識状態に気づくと、人はそれまで感じていたどうしようもない寂しさや孤独感から抜け出せます。

このニューエイジの時代にあって、見えない世界との境界が崩れるにつれ、人は人間以外の強いエネルギーの渦を感じはじめます。こうしたエネルギーの渦は人間を助けることを喜びとし、神との分離はないことを人間に知ってほしいと願っています。また実際、〝大いなる一〟のあらゆる部分が、広大ですばらしい宇宙のタペストリーを共同で編んでいることを知らせたいと願っています。

こうしたエネルギーの渦の一つは、古今東西の神秘主義者たちによく知られてきました。偉大な宗教の預言者や芸術家たちの多くによって語られてきました。わたしがここで言及しているのは、キリスト教では〈天使の世界〉と呼ばれ、インドの宗教では〈ディーバの世界〉と呼ばれるものです。けれどもどんな名前で呼ぶにしろ、こうした種類の意識について知ることは役に立ちます。なぜならそれを毎日使って、広大無辺な意識の他の部分と自分の内面とのすばらしいつながりをどこにいても加速でき、その結果、寂しさが緩和されるからです。わたしはこれを〈ディーバの世界〉と呼びます。〈ディーバ〉という音が好きなので、この言葉を使います。この音は大胆で明瞭で深い響きがあり、魂の内なる響きを反映しています。この言葉を心の中で今、呟いてみてください。私の言っている意味がわかるでしょう。

では、ディーバとはいったい何でしょうか。それがあなたにとってどれほど重要なのでしょうか。

ディーバはエネルギーの巨大な渦で、自然界に存在します。山脈の周りや大海原、深い渓谷の底などにあり、湖や川の一部であることもあります。世界の偉大な都市の多くがこうした場所の近くに築かれました。というのも、人間の意識はディーバに気づいてはいませんでしたが、そのパワーによってこうした場所に引き寄せられてきたからです。

太古の時代には、ディーバのパワーは甚大で、人間はそのエネルギーと親密な関係にありました。それが見える人も多く、感じることができる人はもっとたくさんいました。そうした助けがあることを感じている時には、人間の心から怖れが減りました。たとえば、このタオス山にいるディーバを観察できるとしたら、山の四倍の大きさの光と色の渦巻きが山全体を覆い、それが裾野まで広がっているのが見えるでしょう。こうしたディーバは、〝大いなる宇宙〟からいつでもエネルギーを受け取る態勢にあり、自分のエネルギー場を使って、そのエネルギーを大地に降ろすことができます。

ニューメキシコ州タオス市の住民にこの町のシンボルは何かと尋ねると、ほとんどの人がこの山だと答えます。もちろん山の大きさからいうと、タオス山はそれほどでもありません。もっと高くて美しい山は他にたくさんあります。この山脈の中にも、もっと高くて美しい山がいくつもあります。

ではなぜタオス山なのでしょうか。住民もあまりいない土地に、なぜこの巨大なエネルギー場は現れることにしたのでしょうか。私もその正確な答えは知りません。私が知っているのは、タオス山の上に現れるディーバが、ここが好きだということです。

このディーバは非常に特徴のある色をしています。ほとんどがブルーとピンクでできており、時に、下のほうが紫や濃いブルーに変化します。ディーバには異なる属性があり、それぞれの属性が独自の色をしています。タオス山のディーバの場合は、人々に意識の要素を二つ、細胞レベルでもたらしたいと望みました。一つはブルーで代表されるもの、もう一つはローズ色で代表されるものです。ブルーを通して意志力を高め、ローズ色を通してハートを和らげる機会を人々にもたらすのが、その役目です。

では、ハートにもっと愛をもたらし、日々の生活の中で意志力を高めるために、地球界にいるディーバのパワーをどのように使ったらよいのでしょうか。答えは至極簡単です。**エネルギーは思考に従います。**山の中で静かに座ってみてください。または急流のそばや大波の荒れ狂う海辺、無人の砂漠にあるメサで静かに座ってみてください。そこでほんの短い瞬間でも無念無想の境地になって待つことができたなら、言葉では表現できないけれども、大昔から知っていたような自然のパワーの感覚が意識に上ってくるのに気づくでしょう。

夜の森のパワーは人間のパワーとはまったく違います。海辺に座って荒波の音に囲まれている時に感じる感覚と、満員の球場で感じる感覚とはまったく違います。岸に座って川の流れを眺めながら水の動きを感じていると、何かが自分の中で沸き起こってくるのに人は気づきます。こうした自然の在り様に戻ることを考慮してほしいと思います。ディーバというのは、この自然らしさの一部なのです。

今ここでも、それを体験することはできます。私が話していることを理解してもらうために簡単なエクササイズをしましょう。

黙って座り、心を静めてください。このすばらしいディーバのパワーを、どのような形でもいいですから、できるだけ鮮明に想像してください。それを意識の中で深く感じてください。自分の小ささとディーバの巨大さを感じましょう。自分がディーバの前に座って見上げているところ、または遠くに見ているところをイメージしてください。すると、すべてが自然な状態であるときに存在する深いリズムを感じはじめるでしょう。自分の人生にもっと強く生かしたいと思う属性、たとえば愛などがあるなら、黙想しながらそう願ってください。自分の人生にそうした属性が生かされたらどう感じるかを深くじっくりと思い描いてください。目の前にある強力なパワーに心と意識がすでに密接につながっているので、求めているものが自分の中でかすかに動き出すのが感じられるでしょう。

偉大なパワーの前に座り、自分が常につながっていると感じたいと願うこと、これこそが真の求道です。まだなりたい自分になっていないという気持ちや孤独感を克服するのに大きく役立ちます。このパワーに自分の気持ちを向けてごらんなさい。たとえどんなところにいたとしても、自然界の特定の部分に自分が惹かれていることがわかるでしょう。世界一の大都市の中心部に住んでいて、リビングルームに座っていたとしても、自分の中にこの自然の存在を感じることができます。ですから山や海、または川に思いをはせ、そこにいる自分をイメージしながら、その感覚を味わってください。そして一心に助けを求めるのです。

こうしたディーバたちは地球意識のあらゆる部分とつながっています。見つけるためには探そうとしなければなりません。世界で最強のディーバの裾野に座っていても、探そうとしなければ、見過ごしてしまうでしょう。

信じられないほどすばらしいエネルギー場があって、それがあなたの意識を拡大してくれて、〝大いなる完全性と真理と光〟の実在に気づかせてくれると教えられてきました。これはまったくそのとおりです。こうした巨大なエネルギー場は、人間のために役立てることを大きな喜びと感じていることも知っておくとよいでしょう。「求めよ。さらば、開かれん」と言われていますが、これは古くからの真実です。あらゆる本物の真理と同様、今も昔も真理です。どうかこのことを真剣に受け止めてください。

質問：タオス山のディーバがどんなふうに見えるか、説明していただけますか。

山の四倍の高さのエネルギーの渦があらゆる方角に広がっているのを想像してください。非常に大きなディーバです。霊能者たちがこのディーバは女性だというのは、長い髪が豊かに垂れているように見えるからです。ですから女性性と関連付けます。けれども地元のインディアンであるテワ族（訳注：プエブロ族の一派）を観察すると、男性も長い髪を垂らしています。ですからタオスのディーバは単に大きな形をしていて、上が丸く、一部は山の上にあり、他の部分は山と重なっているといえます。ブルーとローズ色の光がきらきらと輝き、時に暗くなったり明るくなったりしながら、絶えず美しい模様を描いて動いています。ディーバにはパワーとエネルギーが脈打っています。驚くほど美しいです。

公開チャネリングの場所を選ぶにあたり、私の唯一の条件は、この山が見える場所ということでした。このディーバのパワーが細胞組織に入り、古いものを捨て新しいものを受け入れられるように手伝ってくれます。この土地に住んでいる人や住んだことのある人は、非常に興味深いことに気づいたと思います。ここでは変化しないものはありません。すべてが動いています。ディーバが人々にまったく新しい出発の機会を与えてくれて、そのあとで他の土地に送り出してくれるので、そのためだけに多くの人がここにやってきます。

ディーバには人を特定の土地に引き寄せるパワーがあり、その人の意識的な選択とはほとんど無関係だということを覚えておくことが大切です。たとえば、西海岸に引っ越そうと、自家用トラックに乗って出発します。ところがニューメキシコ州タオスで車が故障します。でも車軸の修理に六週間もかかります。というのも、ここはそういう土地だからです。いつの間にか、住む場所も仕事も見つけ、恋もして、この土地にとどまります。六年たったころ、いったい自分はここで何をしているんだと疑問に思い、またトラックに荷物を積んで、西海岸に向かいます。すべてがプロセスです。

質問：西海岸の話が出たので聞きますが、大都市の周りにもディーバはいますか。

大都市には人口が密集しているので、多くのディーバがそうした場所に住み着きます。たとえば、ロサンゼルスの周りのディーバはもっと〈男性的〉な感じがあります。というのも、ロサンゼルスは非常に動的な場所で、そこに住もうという人たちは非常に肉体的で物質的な生き方を必要とするからです。カリフォルニア全体が興味深い州です。ロサンゼルスの周りにディーバがひとつあり、それがずっと南まで延びています。それから急に断絶した形で、別のディーバが北に延び、サンフランシスコまで届きます。サンタバーバラなどの町は、地理的にはロサンゼルスに近いですが、サンフランシスコのディーバに属します。

各ディーバには異なる役目があるので、ディーバは同じではありません。フランスのマルセイユに行くと、同じ海岸都市でも、ディーバはオレンジとこげ茶の色をしています。そこのディーーバの役目は、何世紀にもわたってその土地に蓄積されてきた強いマイナスのエネルギーを変えることです。土地のエネルギーをくみ取り、上昇させ、高い波動に変えるために最大の努力をします。

質問：わたしはアメリカの中西部に住んでいますので、ミネアポリス・セントポール地域のディーバについて知りたいです。

その地域にはたくさんの湖があります。水のディーバの中には湖に惹かれるものと、海に惹かれるものがいます。海のディーバの中には想像もできないほど美しく、また巨大なものがあります。大量の水があるところにはどこでも、ディーバの滋養のエネルギーがあります。たとえば、デトロイトは財政的にも人種問題でも大きな困難を抱えていて、もっと問題が起きてもおかしくない都市ですが、大きな地域のわりには非常に安定しています。ミネアポリス・セントポール地域のように緑が多く、湖もたくさんあります。どちらの都市も滋養たっぷりのディーバを引き寄せています。

土地によって異なった役目のディーバを引き寄せます。ハワイのディーバは非常におもしろいです。海に囲まれているので、滋養の性質がありますが、同時に火山に深く根を下ろしています。火山は生命の動きをありありと見せてくれますので、ここでは成長を意味します。ハワイの火山は自分を作りつづけていて、ハワイ諸島はすばらしい新意識を生み出しています。ハワイは今日の地球界で起きている偉大な実験場のひとつです。ハワイでは土地が自身を拡大しているだけでなく、人々も望めば新しい意識を発展させることができます。古臭くてよどんだ土地ではないので、新しいものが定着しやすい環境です。渡り鳥や魚が移動する道筋にあり、すべてが動いていいます。どうなるか楽しみです。多くの異なる文化が混在している土地なので、本物の人類愛が育つ可能性が大きいです。それは一つの実験であり、非常に楽しみです。

質問：エルサレムにこの一年住んでいるのですが、イスラエルのエネルギーについてコメントしていただけますか。

イスラエルについて語る際には、地方のことはさておいて、エルサレムの都市についてまず語る必要があります。周囲の山々を眺めると、強壮で荒涼としており、永い時を耐えてきた山だとわかります。ディーバはそうした性質を反映し、茶色や濃い黄色をしていることが多いです。エルサレムのディーバは中東の交差路にいます。そうした場所にいるディーバの役目はいつも同じです。人々の考えや感情をいかに安定させるか、ということです。深遠な宗教（この言葉に不快感を感じてほしくないのですが）があるために、土地そのものがディーバを引き寄せます。エルサレムでは、人間の思考や感情に秩序や道理をもたらす必要があります。深い内面からの秩序を確立する方法の一つは、宗教的規律です。こうした意味でエルサレムは極めて重要な土地であり、こうした調和をもたらすのに役立ちます。そしてここには実に多くの異なる人たちがいて、分離意識を作り出しているので、この課題は非常に困難です。けれども、自分の人生に深い意味での秩序をもたらしたいと願う人は、エルサレムに行くことをお勧めします。

エルサレムは〝大いなる母〟とつながっており、大地の近くに存在するので、ディーバとも密接に結びついています。このディーバのパワーは〝大いなる母〟から来ています。

ニューヨークなど、高層ビルの林立する大都市は土地との接触を失い、ディーバとつながるのが困難です。高層マンションの最上階に住みたいと夢見るかもしれませんが、お勧めしません。母なる大地の近くに住み、自分の意識だけを上昇させてください。高層マンションの上の階に住むと、肉体が二つの世界の中間に存在します。母なる大地から離れすぎて、地に足がつきません。偽の上昇感を感じるとしても、エレベーターで上がるのは意識ではなく、肉体にすぎません。偽の上昇感です。ですから何にもつながっていないフワフワした感覚があります。高層ビルと同じ高さまで山に登るとしたら、母なる大地がずっといっしょなので、地に足がついた感覚が残ります。高層ビルは揺れる傾向があります。高層ビルには確固とした芯の意識がほとんどありません。そして悪状況の下ではぽきっと折れます。どんなに鋼鉄の梁が堅固だといわれていても、折れる時には折れます。

質問：イスラエルの話がでましたが、中東についても話していただけますか。中東では実に大きな混乱と紛争が絶えませんが、そのためにたくさんのディーバがいるのでしょうか。

私の答えは政治的な発言のように聞こえるかもしれませんが、政治よりもずっと深いレベルから答えていることを保証します。中東地域は人類に対して一つの主張をしようとしています。それを大声で軍事的に発言しています。たとえそうだとしても、彼らの主張に耳を傾けるべきです。中東の人々は平等な立場で人類の仲間に入れてほしいと要求しています。貧しく、無教育で、無価値だとみなされ、仲間外れにされる地域でありたくないのです。世界のどこにいても、人類の兄弟として平等に扱ってもらいたいのです。何世紀にもわたって平等を求めてきましたが、いまだに与えられていません。教育もあり文化的に洗練された知識階級の人々の中には、昔から常に傲慢さがあり、自分たちに比べて中東の人々は子どもだとみなしてきました。子どもとみなされてきたので、子どものように行動しています。けれどもこの人たちの主張には耳を傾ける必要があります。

私たちは皆つながっているのです。中東の人々は自分たちの主張が受け入れられ、この地球人類の〝聖なる一体性〟の平等な一員として認められるまで戦い、そして死ぬでしょう。彼らは誰の中にもある、怖れの部分を代表しています。他の人と同じやり方で自分のニーズを満たしたいと願い、不満を大声で叫び、自分の欲望がかなえられるまで破壊しようとする部分です。そうした意識は誰の中にもあります。あなた方の中には、ベイルートの丘で戦い、アフガニスタンの山で餓死する部分があります。すべては〝大いなる一〟です。彼らの叫びはシンプルです。極めて広大なレベルでの統合を求めています。中東でのディーバの役目は、怒りに満ちた人々の心をできるだけ静めることです。失礼に聞こえるかもしれませんが、彼らには怒るのも当然の事情があるからです。

質問：アフリカや中南米についても話していただけますか。

この二つの地域は非常に異なります。アフリカは昔から大きな役目を担ってきました。アフリカはこの惑星の影の部分を担っています。ユング（訳注：スイスの精神科医）の元型という考え方からいうと、地球のそれぞれの地域は異なる元型を表しています。アフリカは黒い大陸であり、黒は影の部分です。アフリカは、惑星としての視点から影の部分に注意を払うべき時が来たと告げています。アフリカ大陸はこれまで眠っていましたが、今、目覚めつつあります。そして影の部分があなたの中で目覚めつつあります。あなたの影の部分がハミングし、歌い、顕在意識と遊び始めたので、それがアフリカで姿を現すでしょう。

この地域の目的が何であれ、それが表しているものは明確です。人々の中にある影の部分が目覚める時が来ました。陽射しの中に出てきて、自分で自分の人生を決める時が来ました。自分の影の部分を服従させ、コントロールしようとするのではなく、それに注意を払い、ありのままの自分の一部として受け入れ、統合してください。

絶対的な保証はありませんが、アフリカで起きている紛争は、黒人が自由を勝ち取る形で終結することが予想されます（訳注：南アフリカ共和国の人種差別政策「アパルトヘイト」は一九九四年に終了）。そしてそうなった時、黒人たちは、今度は自分たちの影の部分と戦わなければなりません。戦いが勝利に終わり、自国の支配権を勝ち取った暁には、さまざまな影の部分が姿を現します。その時には、彼らは以前と同じような人種差別制度を設けて、国民を階級に分けて服従させようとするのか、または自身の影の部分を統合するのか。こうしたジレンマに直面しながら、彼らは確実に二十一世紀に移行します。自分の影の部分をいくらかでも統合すれば、それだけあなた方は世界の他の地域が影を統合する手伝いをしていることになります。私がアフリカに望むことは、自分たちに特有のすばらしい特性を捨てたり、白人の真似をしたりしないでほしいということです。

米国の南に位置する近隣諸国に話を移すと、これとは違った状況があります。この地球上で愛情が豊かな地域といえば、何といっても中南米でしょう。子どもが十二人もいて、食べさせるだけでやっとなのに、見知らぬ旅人がドアを叩いたとします。すると食べさせなければいけない人間が十三人に増えるわけですが、とにかく何とかみんなに食べさせます。そんな場所です。この地域の人たちは、見知らぬ人でも困っている人を拒んだりはしません。この地球上で、非常に心が豊かな地域です。

というわけで、北に知性、南に愛があります。ここで必要なのは、この二つを結びつける道です。心理的な意味で、米国の理性と心のあいだに道路が開通していたら、あなた方は国家として中南米の国々を助けていただろうということは疑う余地がありません。頭と心が合体していると、それぞれに必要な滋養物が両方向に流れるのがわかります。しかし現在のところ、理性が支配権を握っているので、こうした二つの意識部分をつなぐ道は封鎖されたままです。

　しかしこうした状況も変わりつつあります。すばらしいことに、中南米諸国のハートは生き生きと脈打っています。最近メキシコシティで大地震が起きた際に、貧しいメキシコ人たちが必死になって同胞のために救助活動をしたことを覚えている人もいるでしょう。たった一人の命を救うためでも、彼らは何時間も何日も必死で救助活動を続けました。ですからハートは生きており、大体において健康です。ただ、肉体的には腹をすかせています。そのため、ハートの動きがいくらかスローになっています。この地球にバランスが生まれ、地球の理性とハートが同調して動きはじめるようになると、希望が生まれます。こうしたことが象徴しているものを理解できて、一人ひとりが自分の中で理性と愛情を統合するために努力するなら、地球上でのこうした地域的区分は必要ないことが理解できるでしょう。ですから人々が心の中で統合への努力を続ければ、こうした問題は減っていきます。

質問：それぞれの国が象徴するものの話が出てきましたので、中国について簡単に話していただけますか。

中国について語るときには、大きな視点から考える必要があります。非常に大きな視点からです。ですから、ここではほんの一部について軽く触れるにとどめます。また、中国は、隣国の日本を抜きにしては語れません。この両国は小さな海で分離されていますが、実際には、この地域全体が「発明力」や「創意力」を表しています。両国民とも直感や創意力に富んでいます。中国も日本も新しい芸術を生み出しますが、知性ではなく直感的に生み出します。地球上においてこの地域は、新しい陶芸技術を作り出して陶芸美を千倍にも高めるような地域です。彼らは芸術家です。芸術家の魂を持っていて、その意味では中国と日本は同じです。彼らは芸術的で、創意的で、発明力があり、「私たちはなんと美しいのだ」「君たちは何と美しいのだ」と言えるような人間のすばらしい部分を表しています。

中国では、人口の多いことが大いに役立っています。というのも、農業国家なので、都市型の頭脳社会に移行しないからです。その結果、もともと備わっている直感的意識を失わないですみます。小さな村落で芸術作品として直感力が生かされています。たとえば、凧ひとつをとってもそうです。考えてもごらんなさい。アメリカの凧は種類も少なく、紐をつけて揚げたり降ろしたりするだけです。模様も幾何学模様で、いかにも頭で考えたデザインです。けれども中国や日本の凧はまったく違います。子どもが乗れるような大きな凧があって、田んぼの上を飛んだりできます。信じられないほど創意的で芸術的な魂が、無数の形をとって現れています。

ここで話を元に戻しますが、ディーバは人に何かを思い出させてくれます。特定のディーバが世界に注ぐエネルギーは、それとはっきりわかる形で感じられます。ディーバの近くで生活する人の中に入り、その人の細胞組織の一部となります。何度も生まれ変わってきた人間たちは、それぞれの転生を通して、異なった種類のディーバのエネルギーをすべて細胞組織に記録してきました。それを忘れないでください。神の存在の記憶が体内にないならば、ここでこうして神についてのおしゃべりを聞こうなどとは思わないでしょう。ディーバは人間に思い出させてくれています。そうした記憶を維持し、それを人間に与える仕事をディーバは喜んでしています。

意識として、ここで生じる問題はこういうことです。

「人間として生きるにあたり、人間らしさの真っただ中でいかに自分の神性も感じることができるのか」

これこそが人間にとってのただ一つの根本的な問いであり、これが無数の形で問われています。私の答えはシンプルです。内面に意識を向けてください。〝大いなる自己〟が体内にいるのを感じてください。内なる空間でくつろいでください。あなたが求めている答えは細胞組織の中に記録されています。何か知りたいことがあれば、〝大いなる自己〟に尋ねてください。高い意識に達する方法を知りたければ、〝大いなる自己〟に尋ねてください。あなた自身が〝大いなる真理〟と〝大いなる光〟への〝道〟なのです。

5　無限の空

ニューメキシコ州アルバカーキにて

タオスでのワークショップの機会が限られているのに、なぜテーマとして「ヴィパッサナー瞑想」を選んだのかと質問されました。非常に耳慣れない言葉であり、キリスト教を背景に育った人たちにとってはうさん臭く感じることでしょう。ここではヴィパッサナー瞑想そのものについては語りませんが、それがあなたとどういう関係にあるのか、あなたの霊的成長や自己実現、自由とどう関係があるかについて話しましょう（注：ヴィパッサナーとは、マインドフルネスの瞑想であり、周りや自分の中で起きていることを何の執着もない態度で観察する。瞑想の対象を呼吸というもっとも単純なものに向けることから始める。意識を吐く息と吸う息に向け、あらゆる体の感覚や考えや音やイメージには執着せず、気づくにとどめる。気が散ったら、常に呼吸に意識を向けなおす）。

＊＊＊

あなた方の惑星において、神はさまざまな声を通して語りかけます。私の考えでは、そうした声のどれが一番良いかとか、こっちのほうが良いとか、評価すべきではありません。あくまで、どれが自分の体の中で一番深く響くか、どれが心をパッと明るくしてくれるか、どれがすべてを納得させ覚醒への可能性があると思わせてくれるか、どれが〝大いなる故郷〟へ帰る希望を与えてくれるかという問題です。ですから今日ここで話すことがあなたの心に響くようであれば、それはヴィパッサナーが自分に役立つことを実感したからでしょう。

この教えの基本的で根本的な真理はこういうことです。**あなたは自分のアイデンティティを誤解しています。**あなたは自分のことを、空を流れる雲だと思ってきました。けれどもあなたは空そのものなのです。この教えによると、雲とは、愛と憎しみ、戦争と平和、富む者と貧しき者などのような二元性の部分をすべて表したものです。二元性についてはよくわかっていることと思います。二元性とは、あなたの中を通り、あなたの周りに存在し、やがてはあなたの中から出ていく雲です。

この古くからある真理を新しいやり方で感知する方法があるでしょうか。この地球界で、あなたが人間の意識として蓄積してきたあらゆる考えや行動は、意識のどこかに保存されています。集団の中で起きた出来事も個人の身の上に起きた出来事もすべてが合流し、パワーとエネルギーの渦を形成し、地球の周りを廻っています。動的なエネルギーというものがあって、このエネルギーが地球の周りを廻りつづけています。〈世界規模のカルマ〉や〈世界規模のアイデア〉があるといえるのは、このためです。あらゆるプラスやマイナスの考えや行動、古今東西を通して作られた規則や法律のすべてが、まだここに存在します。

スピリチュアルな道を歩もうとすると、その道特有の叡智を保存しているエネルギー場があって、それと共鳴しはじめます。そうなると、その特定の体系と関係ある真理や虚偽のすべてを自分に引き寄せます。残念ながら、虚偽だけ選び出して捨て去り、輝く真理だけを残すなどということはできません。どちらも単にエネルギーです。エネルギーに規則を当てはめることはできません。ですから何らかの体系化された道に従って、〈山の頂上〉へ向かって登りはじめると、特定の意識を磁石のように引き寄せ、同調します。異なるスピリチュアルな道を歩んだ人は、それぞれ異なったやり方で気づき、目覚めます。ですからここでの問題は、いかに雲を通り越して、〝無限の空《そら》〟から一心に愛するようになるか、です。

この短い時間の中で、どんな教えであれ、その全貌を説明するのは無理です。ですからここでは、そうした教えの重要な部分のほんの一部について話していることを理解してください。

以上を理解してもらったところで、簡単な概要を説明しましょう。ヴィパッサナーまたは禅における真理について話すとは、どういうことでしょうか。

厳しい瞑想法を通して僧侶たちが悟ったのは次のことです。輪廻転生を通してカルマを集めながら一つの肉体から次の肉体へ移行しているような、個人としての〈私〉はないということです。その代わりに、僧侶たちが見つけたのは驚くべきことでした。固い決意のもと、静かに落ち着いて座っていると、二元性が現れます。それでもそのまま、価値判断をしないで静かに観察を続けていると、二元性はやがて去っていきます。憎しみや怒り、恨みなどのあらゆる感情が意識に上ってきます。けれどもそうした感情をただ静かに眺め、自分の感情に対して善悪の判断をしないでいると、感情はいつの間にか意識の外に消え去っていくことに気づきました。すると驚くべきことに、他のものが代わりに上ってきました。

僧侶たちは長いあいだ座禅を組んできた結果、愛と光だけを意識に上らせるのは非常に難しいと悟りました。そうしたすばらしい感情のすぐあとには必ずといってよいほど、いわゆるマイナスの感情と呼ばれるものが出てくるとわかったからです。何週間も何カ月も何年も修行するうちに、自分たちは非常に簡単なことを誤解していたと気づきました。自分が感情そのものだと思い込み、自分とは誰なのかという感覚と、感情である流れる雲とを同一視していたのです。

僧侶たちは、「この雲は自分の中に入れるべきだろうか。これは良い雲だろうか。これは悪い雲だろうか。これは正しい雲だろうか。これは誤った雲だろうか」と、常に自問していました。こうした幾層もの感情を振り分けようと奮闘するなかで、それまで従ってきた戒律が役に立たないこともわかりました。というのも、こうした戒律に従うこともできたりできなかったりしたたからです。

初期の僧侶たちは戒律に従い、沈黙の行を行い、覚醒しようと大変な苦労をしました。自分の中からあらゆるマイナスの感情や考えを追い払い、法悦の境地を味わうべく努力しました。僧侶たちの生活は非常にシンプルで、ほんの少量の食事をする以外はすべて瞑想の生活でした。ですから、マイナスの感情が入ってくる機会もあまりありませんでした。誤解しないでほしいのですが、この人たちは当時の社会において、真剣に道を求める勇者たちでした。それにもかかわらず、いったん山の中での平和な隠遁生活を離れると、何かが基本的に欠けていることに気づきました。米を買いに里に下りると、何ということか、人が乱暴にぶつかってきたり、店では釣銭が間違っていたり、臭いから出ていけと言われたりしました。すると、完全な悟りの境地に達していない限り、二元性の感情が沸き起こります。そしてまた振り出しに戻ります。

マイナスの感情や考えをまったく持たないということは可能なのでしょうか。マイナスの考えを一切持たず、マイナスの行為を一切せず、常に親切で愛情あふれる考えが持てるほど、自分を浄化するために何かできることがあるのでしょうか。

あなた方はすでにそうした努力をしたことと思います。〝道〟を求める人はそうするからです。けれども自分自身の成果に関して正直に答えてください。どのくらい達成できましたか。

あなた方はすばらしい人たちです。覚醒を求め、心にキリスト意識を抱いて、愛と親切心にあふれるようでありたいと願って、日々努力していることが私にはわかります。ですからここで問われるべきことはこういうことです。

「常に肯定的である能力が今の自分にないとしたら、もともとそうした能力がないのか、それとも努力が足りないのか」

ここで、別の考え方を提案したいと思います。何世紀も前に勇敢な僧侶たちが観察して発見したことと同じことに気づくのが、あなたの目的ではないでしょうか。つまり、これまでの自分の人生を客観的に観察することによって、**自分とはこの地球のプラスとマイナスの極がその中を行ったり来たりするものである**ことに気づくことです。それらはやってきては去っていきます。

地球の周りを廻っているあらゆるエネルギーがあなたのほうへ降りてきて、中に入り、あなたはそれを体験するのだと考えられますか。そこでのあなたの役目は、いくつかのドアを閉めてマイナスのエネルギーを締め出すことではありません。なぜなら、そうすることによって、プラスのエネルギーも入ってこなくなるからです。すべてのドアを開けたままにして、目の前に現れるものをすべて体験するつもりで、自分に起きていることにただ意識を向けていればよいのだという可能性は考えられませんか。

誰の中にも覚醒への扉があります。扉が開いているか閉じているかの違いだけです。扉を開けたいと思い、意識を内側に向け、ゆったりとした心でそれぞれの瞬間に起きていることを体験すれば、扉は開きます。扉が開くと、この惑星の中や周りや上にあるものはすべて、あなたの中を通り過ぎていき、あなたはそれを歓迎するでしょう。起きるがままにしてください。練習してください。すると、自分の中にある〝空間〟の感覚が磨かれはじめます。これが、ヴィパッサナーのワークショップを開催する理由です。強健な勇者たちに、座って自己観察をし、歩きながら自己観察し、食べながら自己観察する機会を与えるためです。内なる空間を感じ取り、〝内なる空間〟とはどういうことか理解しはじめる機会を与えるためです。

生理学的にいうと、細胞の中や周りに大きな空間があることは知られています。人は空間だけです。この空間こそが、〝無限の空〟の叡智を反映しています。

雷雲や美しい雲が、あなたの中を通り過ぎるのを眺めるのはワクワクします。というのも、眺めている時のあなたは、雲の動き以外のものがそこにあることを、理性ではなく体験的に感じているからです。その感覚に名前をつけたりして、自分を罠にはめないでください。それを神と呼ばないでください。頭はいつも何かしら思考を巡らせられる具体的なものを探しており、それに名前をつけて、崇拝し、心の平安を得ようとします。何かを崇拝したとたんに、二元性が生まれます。崇拝するということは二つの存在を意味します。崇拝される者と崇拝する者です。そうした分離意識が生まれた瞬間、あなたは道から外れます。

一貫して意識を向けつづけると、ある種の内なる感覚、すでに知っているという感覚、気づきの感覚が自分の中に生まれてきて、あなたが知るべきことのすべてを直接教えてくれます。

神への道は忍耐を通して達することが多いものです。しかし、常に何かをしていないと気がすまない、この忙しい惑星にあっては、忍耐心はなかなか得がたい特質です。何らかの形での瞑想を一貫して続けることが役立つとわたしたちが主張するのは、次の理由からです。人間の体の空間の中や精神の空間の中にはある種のパワーや目覚めた意識があって、**そこに意識を向けると、**人間の全システムを落ち着かせ、痛みを軽減し、なんだか心地よい感覚を生み出してくれます。〈すべてよし〉という感覚です。神を体験する瞬間までは、あなたは神を信じようとしている人間にすぎません。この特殊な空間の感覚が自分の中で動いているのを実感し、それを意識した瞬間、「やっぱり本当だったんだ。神は存在する。私の中に存在する」という希望が生まれます。これを、充分に時間をかけて実践してください。そうすると神が現実となります。なぜならこの空間は、あなたの思考が生み出す概念よりはるかに膨大なものだからです。

この時点で混乱が生じます。神に受け入れられ愛されるには何をしなければいけないか、神は人間に何を望んでいるかについて、人はこれまで多くを教えられ、それを信じてきました。それと、〈神はただ在る〉という現実が、真っ向から対立します。

神を信じるようになった今、今度は不安もまた感じます。これが本当でなかったらどうしよう。神が実在しなかったらどうしよう。その瞬間、怖れに打ち負かされて、多くの人が既成の宗教に走ります。宗教の戒律や教えが安心感をもたらしてくれる気がするからです。

では、こうした矛盾に直面した時、どうすればよいのでしょうか。そもそも初めに神意識に達するためにしてきたことと、同じことを実践しましょう。意識の中に神と怖れという二つのものを抱えることになるので、あなたは非常に大きくなります。神の広大さとあなたの怖れの広大さによって。この時点で多くの人がぐらつきはじめます。

そのまま、あるがままにしていてください。できれば笑ってください。怖れを観察し、自身の神性を感じ、怖れを捨てられないと悟った、その怖れの感覚を感じてください。そこでやっと、その時点で、両者を包み込むだけの大きさを持った〈何か〉がこの瞬間にあると気づくはずです。

私がそうした体験をしたのは、いわゆる世間でいうところの〈魂の闇夜〉にいた時期でした。そこで私が辿り着いた結論は、抵抗を止めて、〈闇と光〉の勢力に最後まで戦わせるのが唯一の解決法だということでした。自分の力では何もできないと、やっと気づいたのです。この二つの強力なパワーは、私の意識の中で相手を打ち負かそうとこれまで戦いつづけてきたもので、私ごときの理解の程度では、とてもこの戦いを終結させる望みはありませんでした。私がどちらかの肩を持ち始めると、もう一方がどんどん強力になり、最初のほうは遠くへ引き下がっていくのでした。そこで、頑張り屋の私は、もう一方の肩を持って、逆の方向に持っていこうとしました。つまり、私は神をだまして、私の思いどおりに動かそうとしたのです。こうした努力を、かなり長い期間にわたってしてしたような気がします。

その結果はどうだったでしょうか。落胆して落ち込んだり、光で満たされたり、落ち込んだり、明るくなったり、ぐらついていました。行ったり来たり。

ところがある日、目を開けてあたりを見渡していると、果てしない空が見えました。ちょうど夕日が沈むところでした。雲の一塊が、まばゆいばかりの黄金の光に輝いていて、まるで自分の黄金の面を反映しているように見えました。その横では、雷鳴をとどろかす真っ黒な雲が、陰鬱な影を同じくらい強力に投げかけていました。自分というもののすべてをそこに投影しながら、私は座ってじっと見つめていました。そうして眺めていると、やがて両方の雲がだんだん消えていきました。消えていく両方の雲をじっと眺めていると、その瞬間、雲のあいだから暗い夜空が姿を現すのが見えました。すると突然、禅の話にあるように、レンガが落ちて、悟りを得ました。私の場合は、雲が消えて、悟りが得られました。

私がこの話をしたのは、あなたも現代にあって同じようなパターンを歩めると確信しているからです。自分自身を〝無限の空〟として体験しはじめてください。そして無数の雲が自分の中を通り過ぎるのを観察してください。自分の思考を注意して観察していると、考えが入ってきたり、出ていったりするのがはっきりわかります。そしてその間隙に空間があります。**あなたはひっきりなしにおしゃべりをしつづける〝頭〟ではありません。**そうした空間を探しはじめ、自分は〝無限の空〟なのだとわかるようになり、雲に気を取られるような神経症的な傾向（気を悪くしないでください。ユーモアのつもりです）を捨て去ると、自分の意識がいかに膨大で果てしないかに気づくようになります。

空を見るためにすべての雲を破壊する必要はありません。ただ、自分とは空なのだといつも忘れないでいることさえできればよいのです。探しているものが見つかります。それは、自分とは〝無限の空〟そのものなのだという真理です。それは真理なので、自分で体験できます。そもそも自分を別のものと同一視していたので、自分を他のものと同一視できる能力が人にはあります。自分の思考を使って誤った結論に達したので、思考を使ってそこから抜け出せます。あなたは自分を二元性の現象のすべてだと思い込んでいますが、そうではありません。確かにある意味ではそうした現象を持っていますが、その現象はあなたの中を通過するだけです。自分の雲を充分に払いのけることなど決してできません。どう頑張っても取り除けない小さな黒雲がどこかにあるでしょう。そのまま放っておいてください。

今していることをそのまま続けてください。ただし、次の点を加えてください。自分のことを〝無限の空〟だと思って、雲にさせたいようにさせることを始めてください。

カルマの風が、確かに吹いています。カルマの風を自分の思いどおりに吹かせようとしないでください。カルマというのは一種のエネルギーで、あなた独自の空で雲をあちこち動かすものです。あなたがしなければならないのは、次のことだけです。自分は二元性に支配される微力な意識だという考えを捨て、自分の定義を改め、あなたの真理である〝無限なるもの〟として生きると固く決心することです。自分をそれ以外のものとして定義すると、限界が生まれます。

映画のスクリーンに映し出された映像がスクリーンそのものではないのと同じように、あなたとは自分が取る行為そのものではありません。ユダヤ人虐殺のもっともひどい場面がスクリーンに映し出されたとしても、スクリーンには何の変化もありません。人々の心を高揚させるようなすばらしい言葉がスクリーンに映し出されたとしても、スクリーンには何の変化も起きません。

あなたはまったく変化しません。あなたは永遠です。それ以外のすべては**あなたの**幻想です。自分の本当の姿にフォーカスしてください。そうすれば、すべてがわかります。それ以外の答えはありません。自分の雲を浄化することなどできませんし、また、する必要もありません。

6　安全は内面から

ニューメキシコ州アルバカーキにて

一九八六年の最後の数カ月間、アルバカーキ市の月例会での感じがどこか今までと〈違う〉ことに気づきました。私の中に入ってくる情報が以前よりもずっと遠くから来て、以前より自分をぐっと伸ばさないとそこまで届かない気がしました。そのため、私はそれまで体験したことのないような広大で満ち満ちた意識の部分へと自分を広げ、そこでリラックスし、じっと待ちました。今までよりも一層深いレベルで〈コントロールを捨て〉、自分が体験しているものを言葉という形に変換できるように、このエネルギーが自分をしっかりと支えてくれると信頼しなければなりませんでした。

こうした講演記録をこの本に含めることにしたのは、これは新しい情報だと心から信じているからです。私たちは完全に新しい領域に踏み込んでいるようです。この新しさをみなさんと分かち合いたいと思います。

メアリー・マーガレット・ムーア

＊＊＊

今日はこれから、エネルギーが肉体の中に入ってきたら、いったい何が起きるのかを具体的に想像できるようにお手伝いしたいと思います。そのあとで、ここで再現して得たビジョンを、どのように生かせばもっとパワフルな生き方ができるかについて話したいと思います。

人がここで直面している根本的な問題は、この危険な世の中でいかに安全だと感じられるかということです。それは明白です。安全だと感じられなければ、体の細胞はリラックスしません。細胞がリラックスしなければ、人はいわゆる〈覚醒〉のエネルギーに満たされることはありません。**あなたが求めている〝大いなる光〟の意識状態は、あなたの中にあります。**それはここにすべてであり、この瞬間、この場所で、あなたの中にあります。可能な量のすべてがあります。どこか他の場所に行って、もっとたくさんの神を見つけるなどということはあり得ません。このことがまだ単なる概念にすぎず、現実とは感じられないとしても、体の細胞をリラックスさせて、内に秘めた宝を差し出してもらう方法を見つけなければなりません。

人間は水が基本の惑星に生きています。この地球がほとんど水でできているように、人間の体もほとんど水でできています。ですから人は水に基づいた意識だといえます。あなた方が求めているものを保有する能力があるのは水です。神は昔からずっと、人間の生活がもっと望みどおりになり、明らかになり、真理に近づくように、〝大いなるパワー〟を降り注いできました。そしてこのすばらしいエネルギー場が降り立つのは、細胞内の水分の中です。人間の体の細胞は〈蓄積体〉であり、人が必要とするもの、心身の健康に必要不可欠なものを蓄積しつづけています。

人間は常に自分の周りに注意を払い、「この状況の中でわたしは安全だろうか」と自問しています。自分と一緒にいる人が、自分のことを何らかの意味で劣っていると考えているとしたら、直感的にそれがわかります。自分のことを批判的に見ているとわかると、安全ではないと感じるので、細胞組織全体が収縮します。そして安全ではないと感じれば、怖れがあるので、素直にはなれません。バカにされたり、批判されたり、劣っているとみなされるのではないかと心配します。こういう心配が一つでもあると、安全とは感じられません。

その一方で、山の奥深くの湖に一人で出かけ、突然、その息をのむ美しさにくぎ付けにされたりすることもあります。意識が限りなく広がり、空や樹木や水との一体感を感じます。神が存在すると感じます。ただわかるのです。この違いは何でしょうか。ここでは安全だと感じます。あなたのエネルギーが外に向かって広がり、周りの景色を包み込みます。見わたす限り、自分が受け入れられていると感じます。怖れなど一切ありません。受け入れられていると感じた瞬間、細胞がリラックスします。このリラクゼーションを通して、いわゆる覚醒が起こります。**細胞が“大いなる光”のエッセンスを差し出すのです。**これは理性で理解するプロセスではありません。このプロセスには体全体が関わっています。自分の中のあらゆる部分が生き生きとし、今までとは違った形で拡張していきます。この感覚に満たされていくうちに、神と自分が共存していることを神に感謝したくなります。

では、あなたが望む意識の拡張が安全な場所でのみ可能だとしたら、どのように生きたらよいでしょうか。というのも、この世は安全なところに思えないという驚くべき事実に気づいたことでしょうから。そしてこの安全でない世の中で、あなたが一番怖れていることは何でしょうか。それを見つけるのは簡単です。

ここでちょっと本を読むのをやめて、自分がまったく一人で誰もいない真っ暗な高台にいるところを想像してください。暗闇の中からどんな恐ろしいものが出てくると思いますか。たいていの場合、人は他の人間を怖れています。というのも、幾多の転生を通じて、人は他の人間を怖がらせてきたからです。人間自身が安全でない世の中を作ってきました。

それでも問題は残ります。話を基本的な細胞組織に戻しましょう。細胞には二つの選択肢があります。拡張するか、収縮するかです。細胞が拡張すると、それまで細胞の中に保存されてきた神性エネルギーが解き放たれます。すると、人は拡張した意識状態になります。そして自分が拡張され、いのちの中に広く放たれると、自分の周りで何が起きていようとも、生き生きと感じます。けれども、多くの人が世の中から自分のエネルギーを引っ込めています。世の中にいることはいても、関わってはいません。人生に深く参画していないので、生き生きと生きられません。苦しみや苦しみを怖れる気持ちのために、自分を収縮してしまったのです。体の細胞が収縮している時には、細胞の中に保存されている神性エネルギーはどれも使うことができません。苦しみを味わいたくないからと、世の中から撤退すると、良い気持ちはしません。ハートが開いていないと、文字どおり、痛みます。ですから心が痛むのであれば、誰かがあなたを傷つけたからではありません。自分の中に引きこもったので、細胞が収縮し、その結果、肉体の痛みが生じたのです。心痛は肉体的な現象です。精神的なものではありません。体そのものに圧力がかかり、心臓が破れるような気がします。

あなた方の多くが、いわゆるニューエイジと呼ばれるものに関わった生活をしています。ニューエイジについて語る際に一つ言えることは、あなた方は意識の新しい建築材料を作っているということです。あらゆるものは同じ材料から作られています。この材料は、神とも呼べるし、〝大いなる源〟、〝すべてなるもの〟、〝大いなる一〟など、さまざまな名前で呼ばれています。

〝大いなる源〟は、異なるレベルの意識を無数に作り出します。そして地球界の新しい意識レベルが、今この時期に作られつつあります。この新しい意識を作る建築材料として、以前より深くて新しい〝目覚めた意識〟が使われています。それを通して、体細胞は新しいメッセージを受け取ることができます。ちょうど子どもが積み木を使って何かを作るように、この目覚めた意識を使うことができます。それで何を作るかはあなた次第です。

自分の思考が自分の世界を創造しているという事実を、多くの人が体験しはじめています。ですから、細胞のメッセージを新しくする時が来ました。これまでの細胞の役目は、あなたを危険から守るために、外の世界で起こる精神的な動きや物理的な動きに常に注意を払うことでした。これは古いメッセージで、今の時代にはそぐわない過去の必要から生まれたものです。ですから、細胞は新しいメッセージを聞く必要があります。そうすれば、もう怖れる必要のない領域へと前進していく役目を担うでしょう。

収縮することで安全は得られません。これまで人は収縮することで安全が得られると信じてきましたが、何か歯車が狂ってしまいました。今度はその反対を実践してください。**拡張こそが人を安全にする**と信じはじめてください。そしてどうなるか、観察してください。毎日、何百という方法で拡張できます。とにかくやってみてください。

怖いと思う状況が起きたら、呼吸を使って拡張しはじめてください。肺を空気で満たしていくと、自然に背骨が伸び、胸が広がります。すると、〈ハートに導かれる〉ようになります。ハートこそが愛を感じるところです。愛こそが〈道〉であるのならば、どんな状況であれ、愛を与えることがどうして自分を傷つけることになると思うのですか。

人を安全にしてくれるのは、体の細胞から流れ出る愛です。拡張することにより、周りの状況を変える愛の力が働きます。拡張感そのものが非常に心地よいので、周りを変えるためではなく、単にその感覚を味わうために拡張するようになるかもしれません。不快感を伴うものであれば、誰も意識的にそれをしつづけようとは思わないでしょう。人がこれまで収縮してきたのは、自分が収縮していることに気づいていなかったからです。

自分の反応に注意を払ってください。恋人が部屋に入ってきて、「ちょっといい？　話したいことがあるんだけど」と言ったら、拡張しますか。収縮しますか。子どもが夜中の三時になっても家に帰ってこないとしたら、拡張したくなりますか。収縮したくなりますか。車の渋滞に引っかかったら、拡張しますか。収縮しますか。この理論を試して、違いに気づいてください。そして**新しい反応を選んでください**。

神がどっと中に入ってきて、あなたを満たしてくれたりはしません。神はすでに完全にあなたの中にいます。安全は自分の中で作るものです。拡張してリラックスすることを選んだ瞬間に、自分が〝大いなる光〟に満たされていたことを人は知ります。文字どおり、光を心の中に見て、ハートで感じます。今まで体験したことのない具合に体が歓喜に震え、人は自分が安全なのだと知ります。

「収縮こそが安全をもたらす」という古い信念構造を変えるには、周りに安全なスペースを作って新しいものを感じられるようにするのも一案です。教会や寺院などで人々が神を実感するのは、そうした場所は歴史的に危険から身を守る安全な場所だったからです。

瞑想をする人たちは、〈安心な場所〉というものを作ります。瞑想をするための場所と時間を決めておくと、安心感が生まれ、そこに座ると、細胞がリラックスして開かれた状態になります。自然に深く眠った状態にある時に安心感を感じる人も多くいます。するとリラックス状態になり、その結果、睡眠中に不思議なところに飛んでいって、すばらしい体験をしたり、パワーを得たり、記憶がよみがえったりします。ですから自分だけの場所を見つけてください。ろうそくに灯をともし、線香を焚き、花の香りを嗅いで、リラックスしてください。安心は細胞レベルで感じる必要があります。これを毎日実行しないと、あなたの細胞は無意識の指令に従い、閉じてしまいます。

では話を初めに戻しましょう。人間が海から出てきて、陸地で生活するようになった時、細胞はまだ海水を含んでいました。その細胞の水分が人間の中にあって、〝大いなる光〟を集めます。光を集めるためにどこかにいなければいけないということはありません。なぜなら神は、あなたを失ったり見過ごしたりは絶対にしないからです。誰も神から隠れることはできないので、すべての人が同等に〝大いなる光〟を集めることができます。

今こそ、これまで集めてきたものを使いはじめて、自分を安全にする時です。自分に安心感を与えるものを最大限に増やし、安心感を与えてくれないものを最小限に減らすのはあなたの役目です。自分の力では変えられない状況があったとしても、とにかくそれに向かって拡張してください。それで死ぬことはありません。怖れを捨てて、困難な状況に向かって自分を拡張すれば、必ずそこに出てくるのは愛です。そして人間の世界で愛が前面に出てくると、人はその瞬間、一瞬前に比べてはるかに安全になります。

ここで二つの選択肢があります。拡張は愛をもたらし、収縮は怖れを増大します。どちらを選びますか。練習すればできるようになります。

この時期に地球に生まれてきた人は、地球上を流れる神のパワーの周波数が格段に増加しているので、その恩恵を受けます。神のパワーの量は決して変化しません。しかし、周波数が増加している現在、あなたは拡張して神に触れるか、または収縮して神を拒否するか、どちらかを選択できます。どんな状況にあっても拡張を選べば、そのたびに、人は神のパワーに満たされます。神のパワーは、「神は天国にいる。そしてこの世のすべてはこれでよし」と教えてくれます。

7　神との関係

ニューメキシコ州アルバカーキにて

今朝はここでもう一度、違う種類の意識について話したいと思います。目覚めた意識でこれを使うと、自分の中で物事が明らかになり、知恵が湧き、全体が見えてきます。そのために、ほとんどの人が困難を感じる分野である、人間関係について話しましょう。人間関係が難しいのは、そこでいったい何が起きているのか、あまりわかっていないからです。

＊＊＊

これから私が話す人間関係の考え方は、決して目新しいものではありません。けれどもここでそれを前面に押し出すこと自体は、現在のあなたの意識にとって新しいことです。

まず思い出してほしいのは、人はエネルギーの渦だという認識です。それが絶えず運動していて、周りの出来事や音や色など、五感で感じるものすべてに突き動かされています。その気になれば、そうしたエネルギーを感じることもできます。個人が拡張したり収縮したり、エネルギーの渦として運動する場には、その人の知らない泉や川からエネルギーが流れ込んでいます。二人以上の人が集まると、エネルギー場が混じり合って動きます。この事実が、これから話す内容の可能性を広げ、また複雑にします。

人とは誰で何なのかという話をする際に、人をワイングラスにたとえることができます。私には実際そのように見えます。ワイングラスには広く開かれた部分があって、流動するエネルギーの混合体で満たされています。あなた方は誰でもこのように見えます。開かれていて、流動しているエッセンスがあるのですが、異なるエッセンス同士はなかなか混ざり合いません。それというのも、グラスの壁でお互いが隔てられていると信じているからです。けれども姿は異なっていてもエッセンスは同じです。たとえほんの一瞬でも他のグラスの驚くべき秘薬に本当に触れ、味わい、感じることができたら、自分たちは同じだということがあまりにも明白になるので、二度と分離が起きることなどないでしょう。

グラスの中の秘薬が外から触れられないように壁があると思い込んでいるのですが、その壁の主成分は何でしょうか。誰も驚かないと思いますが、それは罪悪感です。罪悪感なのです。

この地球界での転生を始めた時に、生きる指針となる規則が一つありました。前にも話しましたが、それは〈誰も傷つけない〉ことです。これは今でも唯一の生きる指針です。誰も傷つけないように最善の努力をしながら生きることです。

初期のころは、無害なものに触れて感じる能力が誰にもあったので、そうした際には、お互いの本質をはっきりと純粋に見ることができました。けれどもやがて宗教というものが生まれ、さまざまな規則や戒律や基準が作られ、法律も生まれました。〈良い人間〉であるために従わなければいけない細かな規則がたくさん出てきました。特定の食生活をし、特定の行為をし、思考や感情や行動にまで、実に多くの規則が作られました。ですから自分の〝神性〟とつながろうとすると、障害物が感じられ、そこに罪悪感が生まれました。そして本来の自分に備わる〝聖なるハイアーセルフ〟とのチャンネルを開くのが怖くなりました。

罪悪感に気づいた瞬間、神への怖れが生じました。前にも言ったように、多くの人が神を怖れています。人間が作り出した神は恐ろしい神だからです。こうした神の姿は人間の心の産物で、事実とはまったく異なります。そうは言っても、人間の細胞レベルの記憶にこうした神のイメージが深く刻まれており、神の期待に添わないと、破滅させられるか、よくても罰を与えられて暗いところに送られると信じ込んでいます。そしてこの暗くて陰気な場所というのが、抹消させられるよりももっとひどい罰に思えるのです。神を失望させると、この暗いところに送られ、何かの理由で奇跡的なことが起きて、そこから解放されて別のところへ送られる日まで、そこに永遠にとどまらなければならないと怖れています。これは実に恐ろしい人生観です。

私は人々の精神の奥深くに刻印されている、こうした恐ろしい人生観や神のイメージを変えようとしています。多くの人が神へのチャンネルを開く努力をやめました。神へのチャンネルを開いてしまうと、自分は神から愛されていないことがわかるのではないかという怖れがあります。すばらしい全能の神が存在すると知りつつも、神が自分に対して怒るかもしれないと思っていると、意識の中でどういう感じがするか想像してみてください。こうした考えを抱いて怖れを感じている部分が、自分の心の奥深くにあることを理解してください。ではこうしたジレンマがあることがわかったとしたら、解決策は何でしょう。

この地球界には、実に多くの人間が生きています。人間の一番の友は人間同士だと教えられてきました。ここで、人間関係の図式に戻りましょう。言葉を発したり、目や体を使って他の人間と接したりするたびに、人は次の二つのうち、どちらかをしています。**相手や世の中への怖れまたは罪悪感を増やすか、喜びや光を増やすか**、です。

自分自身の暗闇について、くよくよ考えても何の役にも立ちません。そうすれば、自分の意識に対してマイナスの自己像を植え付けるだけです。大切なのは、自分が真に望んでいるのは何なのか、〝深奥の自己〟にはっきりと伝えることです。〝深奥の自己〟もエネルギーの渦であり、あなたなりのやり方で活性化してほしいと待ち望んでいます。あなたが自分のために〝深奥の自己〟に助けを求めることを永遠に忍耐強く待っています。ただし、質問する時には具体的に聞いてください。あなたが望んでいるのは具体的にどういうことですか。自分の本質は何なのか知りたいですか。現実とはいったい何なのか、知りたいですか。そうだとしたら、〝深奥の自己〟に〝真理〟を教えてほしいと頼んでください。

分離意識を持った低い自己は、次のようなことを信じています。自分とは、限られた能力しかなく、過去・現在・未来と一直線に生きるだけで、よく病気になり、あまり幸せでない小さな虫けらのような存在で、この地球上を右往左往し、どこに行っているのかもわからず、何をしているのかもわからない、そんな存在だということを。

低い自己は、できるだけ早くこうした人生から解放してほしいと神に祈ります。あなたが口を開くたびに、他の人が低い自己を信じているのを強化するか、または真理を信じるのを助けるかのどちらかです。ですから、自分自身や他の人に対してできる最善のことは、次のことです。あなたは〝大いなる光〟であり、〝大いなる愛〟であり、無限であり、無害であり、輝き、破裂しつづける創造物だということをいつも忘れないことです。あなたがこれまでそうなりたいと心から望んだもの――そのすべてがあなたです。**自分がすでにそうしたものでなかったら**、人はそれになりたいと切望することはありません。

このことを理解してください。あなたがすべきことは次のことです。あなたというすばらしい存在の容器の中に、過去に実際に体験した無条件の愛のパワー、自分の中を流れる〝大いなる愛〟の感覚を培うことです。〝大いなる愛〟の秘薬を味わい、あらゆる創造物を心から愛することが可能だと心から信じられるまで続けてください。

覚醒とは何も不思議な現象ではありません。まったくそうではありません。〝大いなる光〟はすでにあなたの中にあり、今にもそこで爆発せんばかりに待ち受けています。〝大いなる光〟はこちら側にもあって、あなたの中にあるものと合体しようと待ち受けています。

前にも話したように、この二つを妨げているものはただ一つ、ワイングラスです。その中も満たされており、外側も同じように満たされているのに、そのあいだに罪悪感の構造があって、あなたが〝大いなる光〟で生き生きとするのを妨げています。この二つが合体すると、とても言葉では語れないようなすばらしい方法で〝大いなる光〟があなたを生かします。活気が生まれ、あなたがすることのすべてが生き生きとしてきます。そのためにあらゆる努力をするだけの価値があります。今日から始めてください。内なるパワーに意識を向け、罪悪感の壁を文字どおり突き破って、〝ただ一つの神〟とのつながりを再び実感してください。

何も〈良い〉人間になる必要はありません。ただ、自分が〈悪い〉人間だと信じるのをやめてください。こうしたマイナス思考をやめようと決めるだけでいいです。自分の本性のすばらしさを体験するだけで、そうした思考を変えられます。

毎朝、静かに座って自分のエネルギー場を感じ、自分の本質を思い出し、それが真理だと自分にしっかり言い聞かせるようにすると、〝大いなる源〟を感じる力が強まって加速し、それがはっきり感じられるようになります。五感でそれとはっきりわかる形で感知でき、あなたの疑問にすべて答えてくれます。

うまくいっていない人間関係を指す新しい言葉を聞きました。それは「機能不全」という言葉で、「機能不全の家庭で育った」というように使われます。気づいていないかもしれませんが、人はみな、機能不全の家庭で育ちました。それは次の理由によります。自分たちが誰かわかっていない家族は、子どもたちに嘘のアイデンティティを教えるからです。親自身が混乱してわかっていないので、自分たちが信じている嘘をそのまま教えるのです。あらゆる家族は機能不全です。機能不全の程度で分類することもできますが、私から見ると、みな同じです。本質を知っているか知らないか、そのどちらかです。

罪悪感の網の目を破って抜け出る瞬間まで、何らかの意味で機能不全状態でしょう。私がこういうことを言っても、それはあくまで〝大いなる愛〟の心から言っていることをわかってください。

人が自分の本質を完全に悟れない唯一の理由は、自分の本質を誤解し、自分を有限の小さな存在だと思い込んでいるからです。ここでまた繰り返します。あなたは完全なる〝愛〟であり、完全なる〝聖なるパワー〟です。しかもそれが、〈活性化〉されています。あなたは想像もつかないほどすばらしい色や音のシンフォニーで、それがあなたの頭や心を照らし出しています。それがあなたの本質です。それ以下の定義はどれも嘘です。どうかそうした嘘を世に広めるのはやめてください。

人は誰でも、罪悪感の壁を破り、自分の本質を完全に実感する能力を持って生まれました。暗闇をシャベルで少しずつ取り除くことはできません。そんなことをしていたら、一生かかっても間に合いません。部屋を明かりで満たす最善の方法は、窓を開けることです。あなたの役目はそれを常にしつづけることです。

誤解に基づいた考えを誰かが話していたら、一緒にその嘘に加担しないでください。その代わり、心を静め、自分が求めているものの記憶を取り戻して活性化してください。自分の中でそうしたマイナスの思考が出てきたら、考えにストップをかけ、自分が神の一部であることを思い出してください。完璧であろうとしないでください。そんなことをしたら、絶対うまくいきません。わかりますか。肉体を持ったままで完璧であることは不可能です。肉体というのは物事を分離したものとして見るからです。けれども心の中のパワーを強化していくと、分離の幻想を突き破って、〝大いなる一〟の真理へ飛び込むことができます。

人間関係の中で人が見ている相手の姿は、ほとんどの場合、ワイングラスに映っている幻想で、そのため相手の深奥が見えません。人は常に人生のすべてと何らかの関係にあるので、ここで話しているのは恋愛や家族関係だけに限りません。恋愛や家族関係は人間関係のほんの一部です。

ここで話しているのは、人生そのものとの関係、出会う人すべてとの関係です。

一日の中で誰か他の人間と一緒にいる瞬間はすべて、覚醒への動きを促進するチャンスです。自分の中にある神性を実感する力を育みたければ、他の人間を見た時にその人もまた神であることを思い出すことです。すると次に何が起きるかというと、あなたの波動が上がり、自分の周りに〃神のエネルギー〃を発散します。その瞬間、相手の記憶もいくらか活性化されます。人はお互いの鏡です。このことを思い出せば思い出すほど、お互いを大いに助け合うことになります。

この意味で、覚者は人を助けることができるのです。覚者はあなたを見て笑い出します。「自分とはそんなものだと本気で信じているのかね。自分はそんなちっぽけなものだと本当に信じているのかい。本気なのか」

もし師があなたを叱るだけで、笑いながら言わないのだとしたら、新しい師を探してください。あなたのことを神の現れだと思わないような人は、真の覚醒を体験してはいないからです。ですからそんな人に叱られないでください。もう充分に叱られてきたし、自分のことをしょっちゅう叱ってばかりいるでしょう。本物の師に会いたければ、人は単にゲームをしているだけだとわかっていて、代わりにあなたの本性を見せてくれる人を探してください。

ここであなたが捨てるべきことは、〈低い〉自己が一番大切にしていることで、それは自分が〈正しい〉と思いたいという欲です。この迷える自己は、自分が正しいことが大好きです。自分が正しいとすべてが大丈夫だと思えるからです。そしてすべてが大丈夫だと思えると、少しのあいだは、より安全だと感じられます。ですから気を付けてください。

〝広大な自己〟と対面する時に聞かれることはただ一つ。「真理を体現するためにそれ以外のすべてを捨て去る用意があるか」です。そして真理とは、〝大いなる光〟や〝大いなる愛〟や〝大いなるパワー〟の現実であり、あなたのすばらしい本性です。

他の人がこの真理に気づく手伝いをするたびに、自分も助けられます。というのも、あなたも同じ〝大いなる自己〟だからです。それ以外はありえません。ですから、頭や心の中で〝大いなる光〟を本当に実感したい人は、まずこのシンプルなやり方で始めてください。思い出すのです。他に何が起こっていても、とにかく忘れないでください。そして思い出すたびに、体の中でこのエネルギーを感じ取る力を育んでいるのだと信じてください。あなたの外側に目新しいものは何もありません。それはすでにあなたの中にあります。自身の記憶を辿ることで、懸け橋が築かれます。それを今すぐにしても、あとからしてもいいですが、いずれ誰でもします。人間の意識の奥深くには、〝大いなる自由〟をどうしても得たいという強い願望があるからです。

私はよくこの〈自由〉という言葉を使います。というのも、幻想の鎖から解き放たれて、〝広大無辺な境地〟へ飛び立つ感覚を、この言葉が一番よく表しているからです。地球界の幻想の重苦しさを捨て、本当の自分を知るということがどんな感じか、それを言葉で充分に表現するのは不可能です。ですから、とにかくこの方法を試してください。このパワーをどのくらい育んだかによって、いつ〝大いなる自由〟を味わうかが決まります。あなたは上昇し、広がります。そしてもう何にも囲まれていません。「やった」とわかります。自分が神であると知り、今までもずっとそうだったし、それ以外のものであったことなどないとわかり、その瞬間、自分にはすべてがあることを悟ります。

あなたはすべてであるのですから、あなたにはすべてがあります。

第2部

エクササイズ

私たちは時に何時間も座って、バーソロミューがさまざまな話題について語るのを聞いた。バーソロミューが私たちに繰り返し説いたことは、私たちは〝道〟そのものであり、〝大いなる光〟であり、自分自身の師であるので、自分だけの道を歩まなければならないということだ。そのため、〝大いなる自由〟へ到達するのに役立つと思われる道具をたくさん与えてくれた。異なるテクニックを使って肉体を鍛えるように、スピリチュアル体も〈微調整〉することができる。ここからは過去数年にわたるワークショップの中で実践してきた〈スピリチュアルなエクササイズ〉を紹介したいと思う。

＊＊＊

これから紹介するエクササイズの中には、誘導瞑想をしたり、文章を書いたり、曼荼羅《マンダラ》を描いたりするものがあるので、簡単にやり方や必要な道具を説明したいと思う。

文章を書くエクササイズにはもちろんペンやノートが必要だが、エクササイズをする場所やグループの人数を考慮することも大切だ。ここに記載したエクササイズはすべてワークショップで使われたもので、非常に有意義だったので、グループの場合はすべて試してみることをお勧めする。誘導瞑想はどこでも行えるが、エネルギーの強い場所ですると大きな効果があるので、想像力を使っていろいろな場所で試してほしい。

そして最後に、曼荼羅を描くことについて一言述べさせてもらう。人生はさまざまな象徴やシンボルにあふれている。曼荼羅を描くことは、理性を飛び超えて感情を表現する近道だ。その人独自の色や抽象的な形を使って、自分なりのシンボルの世界を創ることができる。感じていることや直感的に知っていることを色や形に表すと、〈情緒的色合い〉とでも呼ぶべきものが生まれ、視覚を通して自分自身と対話できる。

曼荼羅を描くのに必要な道具は、クレヨンかオイルパステル。そして大きめの紙に大きな円を描いたものを用意する。

これで、意識を次のレベルまで活性化するのに必要な道具が全部揃った。では始めよう。

英語版編集者

8　バランスの取れた十字形

何世紀ものあいだ、人間たちはパワフルなシンボルと共に生きてきました。それは、バランスの取れた十字形です。

キリスト教が生まれるずっと以前から、十字形のイメージは人を強固にし、元気づけるシンボルとして使われてきました。その理由は簡単です。人間にはいつでも自由に使えるエネルギーの流れが二つあり、それを思い出させてくれるのが十字形だからです。

一つは横に流れるエネルギーです。それは現象界のすべてと人を結び付けるものです。他の人間のエゴや、物質界や情緒面や観念の世界とつなげてくれます。

それはまた、自然界や自然から得られるあらゆるパワーとも結び付けてくれます。肉眼にいつも見えているものが横のエネルギーです。過去何世紀もの間、幾多の転生を通して、人間に情報を与えてきたのはこの横のエネルギーなので、二番目の縦のエネルギーは忘れられてしまいました。その結果、人間の心はバランスを失っています。人間が〝神性〟とつながることができるのは、この忘れられた縦のエネルギーを通してだからです。そこで今から、この縦のエネルギーをあなた方にもたらしてパワーを強化するエクササイズをしましょう。

木のイメージ法

立って目を閉じてください。自分の胴体から葉の茂る木の枝がきれいな形で並んで、空に向かって伸びていく様子を想像してください。どの辺まで延びるかは自由に決めてください。〝大いなる無限〟の中に絶えず流れているパワーや光を、木の枝が取り込んでいます。葉を通して光やパワーがあなたの中に入ってきます。あなたの体はこのすばらしい木の幹です。エネルギーがあなたの体の中を流れ、足の裏から出ていきます。流れ出て、地面にしみこみ、地球の中へと流れ落ちていきます。どのくらい深く浸み込むかは自由に決めてください。あなたの根から流れ出ています。根はどのように見えますか。細い根や太い根、がっしりした根もあるかもしれません。それを感じ取ってください。少し時間をかけて、この木になった感覚を充分に味わってください。まず、この感覚をしっかり感じることが重要です。

（終わるまで待つ）

少し休んでください。

あらゆる現象が起こるための基本法則を理解してください。**「エネルギーは思考に従う」**です。言い換えれば、エネルギーはイメージしたものに従います。別の言い方をすれば、パワーはイメージしたものに従います。

集中的に意識を向けたものが、その人にとって現実に見えます。縦のエネルギーの流れにイメージと思考でつながると、毎日の生活の中でそれが現れるようになります。多くの人が心を安定させる方法を求めています。このイメージ法は、神の無限性と即座に強くつながった感覚をもたらしてくれます。心の安定を求める気持ちがどれだけ強いかによって、どれだけ安定するかが決まります。

横の動き

心の落ち着きや安定を求めるのであれば、落ち着きや安定がすでに存在して得られる場所に意識を向けることです。

人が横のエネルギーの流れを好むのは、エゴのエネルギーが体から出て、他の似たようなエネルギーと混じり合い、前後左右に揺れ動く感覚が好きだからです。自分が何かを〈している〉気がして、〈生きている〉と思えるからです。それがどういう感覚か、ここで試してみましょう。

地面にしっかりと足をつけて立ってください。腕をだらんと下げて、頭と上半身を前に向けてください。それから、腕と上半身を左右に揺らしてください。そして元に戻します。

（終わるまで待つ）

動きの感覚はあるけれども、確固とした安定感はないことに気づいてください。人はこの動きの感覚に対して中毒になっています。でもどうかよく考えてください。こうした動きを絶えず感じていたいですか。あなたをあっちにフラフラ、こっちにフラフラさせるようなエゴの動きを感じていたいですか。周りから認められたかと思ったら、次の瞬間には拒否される。欲しいものを手に入れたかと思ったら、次の瞬間には欲しいものが手に入らない。行ったり来たり、右往左往。それがこのエネルギーの動きです。

楽にしてください。でもそのまま立っていてください。

小さな横のエネルギーの動きに比べて、縦のエネルギーのパワーははるかに強力です。けれども人は、小さな横揺れの動きこそが人生だと信じ込んでいます。やがて、激しい横揺れでも不十分だということに人は気づきます。人は誰でも、たまに、膨大な量のエネルギーが自分の中をとうとうと流れるのを体験したことがあるので、その感覚を求めます。

自分に深い安心感と落ち着きを与えてくれるのは、縦のエネルギーのパワーです。横のエネルギーはそれ程のエネルギーを持てません。そんなことをしたら、人はばたっと倒れてしまいます。これまでとはまったく違うやり方で意識を使うようにして、少しずつ自分を強化してください。

ではここで、縦のエネルギーのパワーを体験しましょう。目を閉じているほうがよかったら、閉じてください。

縦のエネルギー

スピリチュアルな道を求めている人の多くが、主に思考に根差した方法を使っています。それはそれでいいのですが、もっと肉体やハートに根差したやり方も必要です。

そのためには、足をしっかりと地面につけてください。足以外の部分を左右に揺らしてください。体をゆっくりと揺らしながら、体の中心線が地面と垂直になるようにしてください。垂直になったと感じたら、そこで止まってください。体の中心線が地面と垂直になった感覚を隅々まで味わってください。別の時に他の場所でもこのエクササイズを繰り返して、何度でも練習してください。

では、楽にしてください。

こうして中心線の安定感を味わうようになると、根本的なジレンマが生まれます。根を持ちたい気持ちと、自分には根はないのではないかという不安との葛藤です。

自分の根を無視するように、人は何世紀にもわたって洗脳されてきました。文化的なルーツの話をしているのではありません。自分の暗闇の部分に下りている根の話をしています。天上の美しさやすばらしさや光などは、すでに充分に語られています。けれども根の存在を認め、自分の中の深い暗闇を感じる力が自分にはあると認めることは恐ろしいことであり、人間にとってます不安を募らせることです。

現代に生きる人間にとって一番難しいのは、未知なるものと共存しながら心安らかに生きることです。それこそが、何があってもどんな時にも強くあるために学ばなければいけないことです。未知なるものを歓迎し、協働することを喜びとしようと意識して努力すると、その人はパワフルになります。未知なるものを避ける代わりに、自分の兄弟として歓迎するのです。次のように言うことで、このプロセスが始まります。

「未知なるものは私の味方であり、私の好奇心をかき立てる。私は未知なるものを歓迎する」

根というのはまた、自分の性質の中で予測不可能であり、混乱した部分と関係しています。自分でも認められない禁じられた秘密の部分で、永いあいだ隠してきた部分でもあります。その部分が認められないのは理性的でないからです。非合理なものを人は嫌がるようになりました。けれども根を充分に感じ取り、認めるまでは、人は自分のパワーを真の意味で感じることはありません。

根

今ここで話したことを心に留めながら、すばらしく大きな木が無限の空にぐーんと伸びているところをまた想像してください。〝大いなる無限性〟のパワーが自分の中に注ぎ込まれているのを感じてください。自分に心地よい範囲で、木をできるだけ高く伸ばしましょう。これは一度想像したイメージと同じものを、毎回繰り返すようなエクササイズではありません。木が空の遥かかなたまで伸びていく日もあれば、屋根の上まで伸びるのがやっとという日もあるでしょう。自分の感性と直感が教えてくれるままに、それに従ってください。葉の茂る木が〝大いなる無限性〟のあらゆる光やパワーを吸収しているところを想像してください。その光やパワーが頭から体内に入り、ハートの中に入ってくるところを想像しましょう。

（終わるまで待つ）

光やパワーが体の中に入ってきたら、ゆったりとした楽な気持ちで、背骨に沿って一つひとつのチャクラに送り込んでください。それぞれのチャクラとのつながりが感じられるまでじっと待ってください。頭頂、眉間、のど、胸、みぞおち、丹田、尾てい骨で、それぞれのエネルギーを感じてください。

（終わるまで待つ）

では、意識を足に向けてください。足の中にエネルギーを感じたら、足から生えている根にエネルギーを送り込んでください。それを地面の奥深くまで送り込みましょう。特に、根に意識を向けてください。根がどこまで深く伸びているか、感じ取りましょう。パワフルな根や恐ろしそうな根もありますか。網の目のように広がっている根はどんなふうに見え、どんなふうに感じられますか。どんな形に広がっているか、どのひげ根が長くてどれが短いか、観察してください。ひげ根はどんな形をしていますか。

終わったら静かに椅子に座って、できるだけ自分の木の光とパワーを感じつづけてください。

（終わるまで待つ）

根を絵に描く

　では今から外に向かって目に見える形で、このエクササイズの続きをします。つまり、絵に描きます。

　あなた方のエネルギーの大半は魂の根の奥深くに押し込められていて、普段はアクセスできないようになっています。根があまりに遠くにあって手が届かないように思えます。まるで障害物があって、流れが止められている感じです。そこにある、とても恥ずかしくて受け入れられない欲望や考えや行為に直面する勇気と心の準備ができたら、その周りが緩み出し、障害物が流れ去ります。自己の内面をきちんと観察し吟味していない人は、常に危険にさらされています。自分でも知らない面が思いがけない時に顔を出すからです。けれどもそうした瞬間に、自分の中にある秘密の部分に直面する決心をし、他の部分を吟味してきたのと同じやり方で吟味しようとするなら、驚かされることはありません。人生はもはや恐ろしいものではなくなります。そうした恐ろしい場面に直面した時に、おろおろせずに自然体で接することができたら、自分をパワフルだと思えるだろうということは、誰にもわかります。これからするエクササイズは、そうした隠れた根を解放する方法のひとつです。

　大きな紙に少なくとも七色以上の色を使ってください。用紙の一番上から始めて、自分が今イメージした根を描いてください。たった一つの根ではないはずです。根を自分の中で深く感じてください。必ずしもいわゆる根の形をしていないかもしれません。

ここでしようとしているのは、あなたが自分の中に深く入っていって、これまで誰にも知られなかった秘密の部分をすっかり安心させ、自ら姿を現すようにすることです。あなたの奥深くにはどんなものがありますか。隠れた根はどんなふうに見えますか。自分が過去にしたことや言ったことは、どれもすべて完全に受け入れられていると心から本当に信じられたら、あなたはどんな人間になるでしょうか。それもただ単に容認されているだけではなく、心から受け入れられ、喜ばれてさえいるとしたら。

大胆になってください。勇気を持ってください。根の中には恐ろしいものや痛みを伴うものがあるかもしれません。けれどもそうした根もあなたの子どもであり、あなたが創り出したものです。ですから完全に理解し、受け入れてあげることができます。絵に描くという象徴的な行為を通して隠れた部分を意識に上らせると、隠れた部分の持つエネルギーが消去されます。そのことを知っておいてください。

繰り返しますが、ここで描く根は必ずしも木の根のようには見えません。どんな形になるかはわかりません。自分の意識の奥深くまで下りて行って、自分の根がどんな感じがするか発見してください。そして根の色や形を感じ取って、それをすべて紙のどこかに描いてください。

英語版編集者からのアドバイス：この部分では音楽をかけると効果があることがわかった。自分たちが見つけようとしているものを意識して曲を選んでほしい。最初はパワフルな曲で、最後のほうは優しい曲がふさわしいだろう。このエクササイズは約三十分かかる。音楽がないほうを好む人がいたら、別の部屋に移ってもらおう。

永遠をイメージする

では、イメージ法のエクササイズの最後です。

立ってください。〝大いなる無限性〟のエネルギーが上のほうから入ってくるのを感じてみてください。自分の体の中に引き入れて、それを地面まで押し下げてください。地球の奥深くにまで自分のエネルギー場がどんどん広がり伸びて行くのを感じましょう。

（少し待つ）

そのエネルギーがますます深くまで浸透していくのをイメージしてください。エネルギーが丸くなって、地球の中心にある炎の球を包んでいます。そのエネルギーが今度は上昇して、根を通り、あなたの体の中に入ってきています。それが体を通り抜けて、木の枝から葉にまで届き、さらに宇宙の端にまで達するのを感じましょう。この流れは数字の８の形をしていて、エネルギーが交差する地点がちょうどハートセンターになります。あなたはこのエネルギーが流れる導管です。

（少し待つ）

終わったら、席についてください。そしてこの縦のエネルギーの流れをできるだけ感じつづけてください。

（全員が終わるまで待つ）

もっとパワーを感じたいと思う人は、このエクササイズを毎日実践してください。お皿を洗ったり、列に並んだり、道を歩いたりしている時にも実践できます。どこでもできます。この簡単なエクササイズを実際に起きている現実のこととして、日常生活に取り入れていくと、パワーを感じるようになります。というのも、エネルギーは思考に従うからです。

自分の人生がもっとパワフルで、創造性に満ちて、大きな広がりと喜びを持つものであってほしいなら、拡張したいという気持ちをはっきりと自覚し、常在する縦のエネルギーを感じるための時間を作り、その努力を始めてください。

エゴの横のエネルギーはなかなか魅力があって抵抗しがたいですが、時に満足感をもたらすものの、たいていの場合、その真反対の不満足感をもたらすものだということを、人は学んできました。横のエネルギーを完全に捨ててしまう必要はありません。大切なのは二つのあいだのバランスを取って、自分をパワフルにすることです。そのためには、自分の内なる感覚や体験を信頼し、自分のあらゆる面を感嘆の目で眺め、縦のエネルギーの流れのパワーを実感する必要があります。

9　この瞬間

次の簡単なエクササイズをすれば、自分たちがどれくらい〈今この瞬間〉に生きているかがすぐにわかる。できることなら一日かけてしてほしいが、それが無理なら二、三時間でもいい。

英語版編集者

＊＊＊

このエクササイズの課題は次のようなものです。

どんな話題でも自由に話していいですが、過去や未来に関することは一切話してはいけません。自分の希望を述べてもいいですが、その希望はあくまで今この瞬間に関することでなくてはいけません。

このエクササイズをすると、自分がどこに時間を使っているかが容易にわかります。面白いと思いませんか。

10　無意識の流れ

次に示すのは、エクササイズ自体は短いが、実践するには長い時間がかかる。大量の忍耐心と不屈の勇気が必要だ。六時間じっと座って、自分の頭が生み出すものを観察するのは容易ではない。だが、もし実行できたら、自分の思考に対する感じ方がこれまでとは一変する。思考する頭は意識の中でももっとも複雑な部分で、すばらしい面もたくさん持っている。それぞれの面がまた影を投げかけるので、自分に思いやりを持って、一つひとつのきらめきに感謝し、暗闇の部分に対して優しい心で接してほしい。このエクササイズをするにあたり、ほんの少しでもユーモアの精神があると、非常に助けになる。

英語版編集者

＊＊＊

このエクササイズをするには、六時間のあいだ、一時も休まず頭に浮かぶ考えを書きつづけなくてはなりません。そうすれば、自分の思考する頭がどんながらくたや美を生み出しているのかがわかります。頭に浮かぶ考えをひとつ残らず次々に書き留めていくと、自分の人生がなぜ今の状態なのか、わかるようになります。あなたの考えというのはあなたがいつもイメージしていることで、それが自分の世界に現象として現れます。

休みなしに六時間書きつづけると、理性の防衛機能が衰え、観察を通して明白な洞察が得られ、いかに自分が思考を通して自分の世界を創造しているかが心から納得できます。たいていの人は自分で自分の現実を創造したいと思っていますが、同時に、それを怖れています。というのも、自分のマイナス思考が自分や他人を傷つけるかもしれないと不安だからです。自己変容を心から望む人は、六時間書きつづける作業を自分に強いれば、大いに得るものがあります。

このエクササイズの結果、自分がどのようにして今の人生を創り出したのか、はっきりと理解できます。ですから、また、違う人生を創り出す力もあなたにはあります。自分が考えていることは、その瞬間に自分が体験していることだということを覚えていてください。考えを変えれば、その瞬間の体験も変わります。

＊＊＊

次に示すのは、この筆記エクササイズのやり方といくつかの提案だ。これはあくまで最初にやる時のヒントで、他のやり方もたくさんある。

人といっしょにグループになってするほうがやりやすいだろう。疲れた時にグループのエネルギーが支えとなるだけでなく、他の人が近くにいると、ひとりの時には得られない刺激が得られる。また、他の人が周りにいると、あなたのエゴが出てきて、エクササイズを最後までやる気にさせてくれるからだ。

自由に動き回れる広さがあって、静かで快適な部屋が理想。一日の時間帯としては、疲れていない時間を選びたい。私たちはこのエクササイズを六時間したが、五時間でも七時間でもかまわない。長い時間書きつづけて、頭を疲れさせることが目的。エクササイズの前には食事は控えめにして、エクササイズをしている時には飲み物を充分飲むことが役に立った。四時間目か五時間目ぐらいにスランプが起きた。その時には、軽い運動をしたり動き回ることを勧めた。昼寝は勧めなかった。寝るのは逃避行動になると思ったからだ。

バーソロミューは、頭に浮かんだ考えをすべて書き出すように言ったが、それは文字どおりの意味だ。それがこのエクササイズの難しいところだ。このエクササイズの短い見本を次に挙げよう。

「なんでこんなことをすることに同意したのか　何を書いたらいいかわからない　鼻がかゆい

あの太った男がじっとしていてくれたらいいのに　ああ　しまった　また父さんの誕生日を忘れてしまった　ああ　喉がかわいた　六時間なんてむりだ　今何時だろう　俺ってどうしていつも父さんの誕生日を忘れるんだろう……」

全部最後まで書き終わったら、書いた紙を全部集める。そこには、いくつかの目新しい考えと同時に、つまらないことが延々と書かれているはずだ。温かい気持ちで何らかの儀式をした後に、その紙を破って捨てよう。グループの中には、「貴重な考えは取っておきたい」と言う人もいた。これだけ頑張ったのだから、それぐらいは褒美としてもらってもいいのではないかと感じた。けれどもバーソロミューは、「どの考えもすべて同じ」だと言った（そんな言葉は聞きたくなかったが）。バーソロミューは続けてこう言った。

「大事なのは、ここで紙に書かれたようなことを生み出す表面的な思考を通り過ぎて、深い内面の空間に下りて、自分の中に沈潜している別のエネルギー場のかすかな動きを感じ取り、その考えを考える練習を始めることです」

このエクササイズの最後に、バーソロミューは次のように語った。

英語版編集者

＊＊＊

今ここで、あなた方には二つの心があると想定しましょう。エゴが作った怖れでいっぱいの有限の心と、無限で思いやりに満ちた広大無辺の心です。

最初の心は、人間のエゴが創り出した世界を反映していて、真理に根差していない考えだけから成り立っています。限りある世界から誕生し、限りある世界で死滅します。そうした考えは虚構なので、人を傷つけることはできません。

二つ目の心は、神から生まれ、〃大いなる源〃、〃不変なるもの〃から生まれました。あなたが内面に意識を向け、その〈考え〉が現れるように願うと、あなたの中心からそうした〈考え〉が自然と湧き起こります。それは〃神の心〃から生まれた考えで、あなたのハートの中にもあります。神の考えのみが永続する現実なので、すべては大丈夫です。それ以外の考えは永遠ではないので、永続しません。そうした考えは無限の空に流れる雲にすぎません。怖がる必要はありません。

11　過去のパターン

肉体にある意識の中で、人に最大の苦痛を感じさせる部分といえば、ハートの部分です。〝大いなる愛〟や〝神の慈愛〟の心ではなく、神から分離した自分が本当だと信じている苦悩を反映する心です。人は自分を神から分離した存在だと信じているので、自分にないものを他の人からもらう必要があると思い込んでいます。その過程で、自分にあるものに感謝するのではなく、自分にないものを手に入れようと多くの時間を費やします。

ですから今からここでするのは、自分のハートが得られなかったものは何か、誰がそれをくれなかったのか、そしてくれなかった人に何と言いたいのかを、誰の中にもある、飢えて切望している心にはっきりと述べてもらうことです。

自分が心の底から一番望むものをあなたは他の人から得られなかったし、これからも得られないだろうということを理解してください。

その現実に目覚めさえすれば、とうの昔に腐ってなくなってしまったチーズを探しに、同じ道を何度も歩くことをやめられるでしょう。あなたは成熟した意識なのですから、それが何度も繰り返された不毛なパターンであることに気づいて、もうやめてください。人生ゲームは、自分のニーズを他の人に満たしてもらうことで勝つようには作られませんでした。誰でも例外なく、人から傷つけられましたし、同時に人を傷つけました。

ですから、あなたの意識の中で常に脈打っている神の心音を聴くために、「あれが欲しかったのに」とか、「こうしてほしかったのに」という夢を全部捨てましょう。というのも、そうした夢は、あなたの人生をダイナミックで生き生きとして、感動と平和に満ちたものにしてはくれませんから。

あなたに必要なのは、〝深奥の自己〟と絶えずつながっていることです。そのためには、それ以外のイメージや望みや満たされない欲などのがらくたを取り除かねばなりません。

過去のパターンを曼荼羅《マンダラ》に描く

用意する物

●苦手な人の写真。または愛する人や愛を深めたい人の写真。または両方
●大きな円を描いた紙
●クレヨンかオイルパステル

未解決の問題を抱えている人の写真を、円の左側に置いてください。円の右側には、愛する人、またはもっと愛を深めたい人の写真を置いてください。その両方の部類に属する人がいたら、真ん中に写真を置いてください。

このエクササイズを難しいと感じる人もいるでしょう。マイナスのつながりを切り捨てる決断をするのは、心理的に非常に難しいことです。マイナスの関係でしか人とつながれないと思っている人もいます。ですからマイナスのつながりを捨ててしまうと、二人のあいだには何も残らないと感じられます。それは真実ではありません。どんな人ともマイナスの感情だけでつながることは不可能です。

人間同士をつなげるのはハートの力です。**ハートは人をつなげ、思考は人を引き離します。**誰かと難しい関係にあるとしても、本当は、その相手とハートのどこかでつながっています。苦悩が生まれるのは、エゴのグリッドに落ちて、そのパワーで焼かれるからです。グリッドから抜け出て、深い思いやりの心に達するには、〈エゴのグリッド〉の隙間をうまく通っていかなければなりません。

一番濃い青と紫の色を選んでください。何も考えないで、円の底を塗ってください。円のどちらかの側から四人の写真を選んでください。四人分の写真がなければ、あるだけでいいです。四人の写真を自分の前に置いてください。写真がなければ、その人たちのことを一人ずつ頭に浮かべてください。

円の残りの空白部分を見てください。選んだ人たちが自分にとってどれほど重要かによって、空白部分をどれほど埋めるかが決まります。

最初の人を選んでください。その人との問題がどれだけ深刻かだけでなく、最初の出会いから今までどれだけその人が自分の人生を占めてきたかを考えてください。誰が一番の悩みの種で、誰が一番の喜びであるか、わかっているはずですから、その人に一番大きな形を与えてください。その人にぴったりの色やいくつかの色の組み合わせを直感的に選び、その人が自分の人生に与えた影響を形にして、描いてください。無意識が上手に描いてくれますので、思考する頭でその邪魔をしないようにしてください。考えるのではなく、感じるままに描いてください。

次に残りの人たちを見てください。それぞれがどのくらいのスペースを占めるべきか決めて、色や形を選んでください。あくまでこの作業は深い直感レベルで行ってください。決して頭で考えないでください。

（終わるまで待つ）

今度は、曼荼羅に描かれた人々の形の上に、格子縞のグリッドを描いてください。

（少し待つ）

心の中で、その人たちから受けた苦痛が、今描いたエゴのグリッドをすり抜けて、紙の下のほうにある青と紫の部分に流れ落ちているところを想像してください。

ここで何をしているかというと、この人たちとの古いつながりを捨てて、愛と思いやりの心で新しいつながりを作る心の準備ができたと、顕在意識に教えているのです。青と紫の部分はあなたの中にある〝無限なる存在〟を表していて、過去の苦悩や悲しみを消してしまうだけの大きさがあります。ですから、今こそそれを意識的に捨てる良いチャンスです。

（終わるまで待つ）

12　自然界

次の一連のエクササイズは、タオス市で行った自然に関するワークショップで使ったものだ。私たちは今、高地砂漠特有の果てしなく広がる空の下、セージやサボテンに囲まれ、プエブロ川を見下ろす峡谷の崖の上に集まっている。バーソロミューは自然界について語り始めた。

英語版編集者

＊＊＊

人間は、この地球界での偉大な実験に共同参加している他の勢力から自分たちを切り離すように、知性によって系統的に訓練されてきました。自然界も人間たちと共通の重大な目的を持っています。それは、人間が〈神〉と呼ぶ、すばらしくて繊細なパワーを、地球界で物質化することです。

人間には人間特有の表現形式があるように、創造界の他の勢力の場合もそうです。ここに上下関係や優劣の差は一切ありません。あくまでも自分たちに備わる特性に基づいた独自の役目は何かということです。人間は、自分たちのアイデンティティを模索する過程で、大体において、人間を自然の秩序の上に位置付けました。それは孤独な立場で、自分で自分を縛り付けてしまうものです。

この地球界にはエネルギーの渦巻きがたくさんあって、ここでの人間の役目を楽にするためのパワーを喜んで授けようとしてくれています。

この地球界にすばらしい意識がどっと出現したのは、統合された〝大いなる一〟からでした。何かの大きな間違いで、人間たちがここに囚われ、逃げられずにいるわけではありません。人間は、困難な時に自分たちを支えてくれる滋養物から、自らを切り離してしまったのだということを理解してください。このサポートはいつでも得られます。

人が求めているのは常に滋養物を得ることであり、愛する者たちに常に滋養物を与えることです。滋養物を求めるのは悪いことだと言ったりしたら、この宇宙全体と不調和になります。この惑星やあそこにある石、ここにあるセージなど、あらゆるものが自然界に向かって滋養物をくれと要求します。滋養物を与えるということは、他のものと一体となり、統合され、完全になるということです。そして滋養物は多くの異なる方向に流れます。

自然界の膨大なパワーから滋養物を与えてもらうのは自分の責任だと自覚すると、この現象界で他人や物に滋養物を求めることが大幅に減ります。

そこでもしあなたが、自分の人生で起きていることに大きな喜びを感じ、すべてが正しいと感じ、心身ともに完全に健康である――そういう人生を願うのであれば、このエクササイズをしてください。あなた方一人ひとりはエネルギーの発火点であり、驚くべきパワーが常にあらゆる方角からあなたのほうへと流れてきています。そうしたパワーは常に存在し、常に動いています。ここでは、こうしたエネルギー場を〈四つの方角〉と呼びましょう。

東西南北のそれぞれの方角が、あなたに言いたいことがあり、あなたからもらいたいものがあって、あなたへあげたいものがあります。その声は親しみやすく、やさしく静かな声です。あなたに聞いてもらいたいし、またあなたのこともちゃんと聞きたいという気持ちにあふれています。このコミュニケーションは双方向です。あなたがこうしたエネルギーの声を聞く必要があるのと同じように、彼らもあなたの声を聞く必要があります。オーケストラの指揮をするように、いかに双方のパワーを結集するかが大切です。

それでは、意識を拡大して、それぞれの方角に特有のエネルギーを感じ取れるか、やってみましょう。

【東】

最初の方角は東です。

東と対応するのは空気、暁、思考、春、白と紫の混じった淡い色、鷲などの空高く飛ぶ鳥、それに知る能力です。東を物として象徴するのは剣です。決断する両刃の剣です。目覚めた意識があれば、精神はこの剣を使って幻想を打ち破り真理に達します。

では目を閉じて、自分なりのやり方で重心を体の中心に持ってきてください。深く呼吸をしながら、肺に空気が入ったり出たりするのに意識を向けましょう。鼻孔から空気が出て行くのを感じてください。その空気が神の息だと感じてください。空気を吸う時には、それがいのちであり、霊感であり、創造なのだと感じてください。息を吐く時には、自分の息が風や雲と混ざり、そして地球が回転する時に大陸や大洋の上を奔流のごとく流れるジェット気流と混ざり合うのを感じてください。

（終わるまで待つ）

人間の意識にとって、鳥類ほど深い意味をシンボルとして表してくれるものは稀《まれ》でしょう。鳥は、人間の祈りを天国にまで運んでくれる使者だといわれています。黒い鳥の場合はさらに、次元の異なる世界のあいだを飛ぶことができるともいわれています。黒い鳥は光から闇の世界へと、既知の世界から未知の世界へと、現象界から非現象界へと飛ぶ能力があります。どんな形であれ、鳥の夢を見たことがない人は稀だと思います。それに、鳥が実に優雅に空を飛ぶ姿を見て、自分もそうしてみたいと思わなかった人は、よほど感情がない人でしょう。空を飛ぶというのは、この地球界を離れて飛び立つことです。

そこで、鳥が人間の意識に対して象徴してくれている贈り物に関して話しましょう。地球界で感じる限界から自由になって、空高く舞い上がり、別の次元の意識に突入したいと何よりも望んでいる人には、鳥が大いに役立ちます。

エネルギーは思考に従うということを知っていますね。人間の思考はそのほとんどが地球界に縛られています。あなたに何か欠陥があるからではありません。ただ、あなたの周りにあるものすべてが、人間とは有限で、ここにしか生きられず、どこにも行けないと主張しつづけるからです。そこで鳥の飛ぶ姿を見ると、心は空高く飛ぶことを夢見ます。

拡張の瞑想

楽な姿勢で床に寝そべってください。全身が地球とコンタクトしている状態のまま、体をバネとして使って、〝大いなる無限性〟へと突入できます。自分を閉じ込めているものから自由になり、特に自分を地球に縛り付ける重力のような考え方や思考から解放されて、空高く飛び出せる能力を磨きはじめることができます。

呼吸に意識を集中してください。体の中を息が移動するのに気づいてください。息が細胞の中に入り、体全体のあらゆる細胞を満たしていくのを感じてください。今度は体の周りにあるエネルギーにまで意識を広げましょう。地面を感じ、音に耳を澄まし、周りにあるいろいろなエネルギーの強さを感じ取りましょう。ゆっくり時間をかけていいですよ。自分の周りや自分の下にあるエネルギーを感じ取りましょう。

今度は自分のエネルギーが地面を蹴って上昇し、外へと拡張するのを感じてください。ロケットが発射する時のような感覚を感じてください。自分のエネルギーが空に向かって昇っていくのを感じましょう。あなたの魂には自由に空を飛ぶ能力があります。自分が大きく広がっていく感覚が得られるまで続けてください。

エネルギーは思考に従います。自分が傷つき、身動きできないと感じ、怒りや不安や混乱でいっぱいの時、ちょっと立ち止まって、自分の周りで起きていることを感じてみてください。そして、地面から自分を押し離して、自分が上昇するのを感じると、不安や怖れなどの感情から自分が分離しはじめます。人生のすべての問題をこれで解決することはできませんが、一時的に、限界ある感情や思考から解放されて自由になります。**自由とは一瞬ごとに解放されることだ**と覚えていてください。

〈全員終わるまで待つ〉

このエクササイズをすると、どのような問題を抱えていたとしても、エクササイズをする前に比べてそれほど心が囚われていないことに気づくでしょう。何らかの制限のパターンから逃れられないと感じる時はいつも、それをサッと蹴って上昇し、飛ぶことができます。練習すればするほど、魂がロケットのように〈発射〉する感覚が得られるでしょう。囚われていたくないのであれば、そこから飛び出してください。他の人間を変える必要はありません。他のものを変える必要もありません。囚われた精神を解放する自由のシンボルとして鳥を使い、〃大いなる故郷〃へと帰る旅を思い出させてもらいましょう。

波の瞑想

次に心に浮かべてほしいシンボルは、〈波のエネルギー〉と呼ばれるものです。この巨大な波が現在、地球上を横断しています。意識を東に向けて、想像力の限りを尽くして、その方角から光に満ちた美しく巨大なうねりの波が雷鳴のごとく音を立てて揺れ動きながらメサ（訳注：米国南西部に見られる高山地形）を横切り、あなたを包み込み、通り過ぎていくのをイメージしてください。

このイメージをしばらく練習してください。その場合、波が自分の中を通過していくのを必ずイメージしてください。この波を感じ取り、それと一体になってください。本当にそうだと思えるように想像してください。

（終わるまで待つ）

波はあなたに伝えたいことがあります。あなたも聞く必要があります。オープンな態度でいましょう。感じてください。

では次のステップにいきましょう。この果てしなく巨大な波のエネルギーがあなたの人生に入ってきたからには、次の二つの問題について考えてください。

「自分の人生の中で波に持っていってほしいものは何か」

「波に持ってきてほしいものは何か」

できるだけ具体的に考えてください。紙とペンを用意して、自分が望まないものでこの波に持っていってほしいものを書き出してください。自分が捨てたいと思っているあらゆる限界、自分の感情や思考や肉体や魂のパターンに見られる限界を書き出してください。自分の精神のあらゆる面を吟味して、もういらないと思えるものすべてをノートに書き出してください。

それが終わったら、今度は同じように真摯な態度で、自分の人生にあってほしいと思うものを書き出してください。リストを書き終わったら、紙を下に置いてください。次の方角に移ります。

【南】

では次の方角、南の方角に移ります。
南と対応するのは、火、夏、太陽、エネルギー、燃えるような赤とオレンジ色、ライオン、そして意思の性質です。南を物として象徴するのは杖です。それは神の力を呼び求めたり、エネルギーをある方向に流したり、パワーをある方向に向けたりすることに使われます。

　ではまた、目を閉じ、呼吸に意識を向けてください。体の中を息が出たり入ったりするのを感じましょう。個々の細胞に意識を向け、シナプスからシナプスへと点火されるにつれ、それぞれの神経の中で起こる火花に意識を向けてください。食物が燃焼されてエネルギーとなる過程で、それぞれの細胞内で起こるゆっくりとした燃焼反応に気づいてください。自分の中で起こっている燃焼反応をじっくりと味わいましょう。そしてろうそくの優しい炎や、焚火の温かさ、雷や星の冷たい火、燃える太陽などを思い出して、体内の燃焼と混ぜ合わせましょう。そこで赤々と燃える〝神の精神〟と一体化しましょう。

（終わるまで待つ）

まず、この方角の物質的シンボルである杖にフォーカスしましょう。昔から人は旅に出る時には、自分を支えてくれる物、自分が寄りかかれる物、旅の途中で役に立ちそうな物を持っていきました。それが杖です。

覚えておいてほしいのは、杖は昔から天と地をつなぐパワーの杖として使われました。そして、今でもそれは可能です。杖を持って歩いていると、杖は天のパワーを手を通して流してくれ、杖がそのパワーをチャネリングして地に降ろします。自分で杖を作りたい人は、次のようにすることをお勧めします。

パワフルな杖

自分の身長より少なくとも二十五センチくらい長い木の枝で、先が細くなっているものを選んでください。生きている木から枝を切るのですから、感謝の念を抱きながら注意深く切ってください。木の枝を切らせてもらうお礼に、何か木に対して贈り物をするのもよいでしょう。コーンミールかタバコか水晶を根元に置いて、感謝の祈りを捧げてください。自分で木の枝を切ることができなければ、材木屋で適当な棒切れを買ってもよいです。

利き手で棒をしっかりと握って、一番握りやすい箇所を見つけてください。ここがあなたの杖のバランス点になります。バランス点を握って、棒を振り回してみて、どちらの端が重いか見つけてください。それから、自分にとって一番自然でバランスの取れた長さになるまで、棒の片方の端、または両方の端を少しずつ切り落としてください。

これはまた、いろいろなことを試すことができる道具です。そのために、杖を使った楽しい一日を計画することもできます。高原や谷間やビルのあいだの裏通りを杖を持って歩いたり、近くの公園や町の一角を歩いたりもできます。どんな場所でもかまいません。こうして杖を持って歩くようになると、自分は伝達機器なのだとわかるようになります。自分自身が天と地をつないでいて、杖は単にそれを思い出させてくれる物質なのだということがわかります。

意志力についての瞑想

道具の準備ができましたが、このエクササイズの有効性を疑っている人が何人かいるようなので、疑いを打ち消せるかどうかやってみましょう。

杖を手に取って、片手でしっかり摑んでください。心を静めて呼吸に意識を向けましょう。必要なだけの時間をたっぷりかけてください。ゆっくり、ゆっくり息を吐いては吸いましょう。

（少し待つ）

このエクササイズをしている間、目に見えないもの、何か神秘的なもの、奇跡的なことを感じ取る可能性があると思ってみてください。神が動くエネルギーであり、神の力に頼って物事を現実化できることを多くの人は信じていません。ですからこのエクササイズを使って、神のエネルギーを感じられるかどうかやってみましょう。自分の手や杖や自分自身に意識をじっと向けて、そこで何が起きるか観察してください。

息が体の中を動くのを観察しましょう。息を吸うたびに、エネルギーが杖を握っている腕のほうへ流れていくのを感じてください。息とともに意識が手に流れるのを感じ、杖を〈パワーが流れる棒〉として感じましょう。杖と一体化し、杖の中を流れるエネルギーのパワーを感じてください。同じように、自分自身もエネルギーの媒体だということに気づきましょう。あなたはアイデアを現実化できるし、概念を形にしたり、精神を物質化したりできます。自分の中にある創造する力、変化を生み出す能力を感じてください。内面のことであれ、外界に関することであれ、自分の目標を立てて、それに向かって努力する力、自分の意志力に触れてください。どんな目標なのか静かに考えてください。その意思がどれくらい固いか、気づきましょう。息を吸ったり吐いたりするのを忘れないように。パワーの流れに意識を向けましょう。パワーを感じましょう。自分のパワーが自分の中を流れているのを感じましょう。

（全員終わるまで待つ）

自分の中にある変容への情熱

ここで、南方向の要素である〈火〉について話しましょう。

現代において、人間は原子炉という装置を作り出しました。面白いことに、これは人間の体の中で起こるプロセスに似ています。人間の体の中では絶えず一連の連鎖反応が継続的に起きています。けれども人間はそのようには実感していません。自分の体は昨日と比べてほとんど同じだと思っています。人間が自分をエネルギーとして見ることができたなら、シナプスからシナプスへ、そして次のシナプスへと火花が散って自分が絶えず爆発の状態であり、変化していることを観察できるでしょう。これは重要なことです。というのも、それが変化の起きる根本原理だからです。変化が起きるのは、心を静めて、自分の体内で起きている連鎖反応が感じ取れるようになった時です。

ここでの要点は簡単です。自分の体内には、そして細胞内には、絶えず点火しているパワーの爆発点があるということについて何度も繰り返し考えていると、**何も同じ状態である必要はまったくない**ということを思い出せます。人生がみじめなのは、自分にはそれを変える力がないと思うからです。人生はこれ以上良くはならないと思い込んでいるからです。すると無力感に襲われ、気分が沈みます。今の状況から逃れられない、周りを見渡しても出口がないように思える時に、人はうつ状態になります。そこで人は思考に頼り、何とかうつ状態から出られるように自分を叱咤激励しますが、かえって落胆してしまうことが多いのです。

うつ状態から抜け出るための即効薬があります。そしてそれは南の方角にあります。次のやり方がそうです。

今いるところがどんなところであれ、まずは心を静めてください。横になってもいいし、立っていてもいいですから、呼吸に意識を向けてください。そして、自分の体内には必要な変化を起こすための変容エネルギーがあると、繰り返し何度も考えてください。足の先から始めて、だんだん体の上のほうに意識を向けながら、超微細なシナプスのすばらしい爆発反応が体中で起きていることに気づいてください。体の下から始めて、少しずつ上に進み、最後は頭頂で爆発して出ていきます。これを何度も繰り返しましょう。最初は単なる〈想像〉だと感じますが、何度も練習するうちに、反応を実感しはじめるようになり、やがて新しい人生が形作られていくのが感じられるようになります。

こうした概念を使い始めると、何か非常にシンプルなことが起こります。うつ状態から心が離れます。そうすると、うつ状態との間に距離ができるので、楽になります。けれどもそれより重要なのは、その状態が別の反応を誘発することです。他のエネルギーを動かしはじめます。

心がうつ状態にある時には、肉体もうつ状態にあると考えがちです。肉体に薬を投入して、うつを叩きのめそうとします。体を横たわらせて、うつを忘れようとします。けれどもうつ状態にあるのは肉体ではないのですから、肉体を生き生きとした新しい状態に変えはじめると、この問題が軽減していきます。肉体が喜びにあふれてくると、やがてうつ状態から抜け出られる時期がやってきます。

率直に言わせてもらいますが、精神的な問題を抱えている時に、そこに肉体まで引き込んで問題を悪化させないでください。問題から肉体を引き離し、肉体の持つ活力やいのちのすばらしさを認め、今あるものを使って努力しはじめてください。うつ病も他の問題と同じく現れたり消えたりします。うつ病になったことで、そんなに落ち込まないでください。

南方角のシンボルを積極的に使って、簡単に直接的に肉体の中にある火に気づくことができます。そうすることで今度は、心の問題を燃焼する助けにもなります。問題を解決するのではなく、問題が燃え尽くされるのを見守るのです。

火の儀式

私たちの場合、儀式を始める前にすでに、石で丸く囲まれた焚火が近くで燃えさかっていた。この儀式を同じやり方でやりたければ、石で丸く囲んだ中で焚火をたくか、丸いフライパンか器を使うか、あるいは他の容器や物質を使う場合は円形のものにしてほしい。円は、完全無欠性や完成や全体性の象徴なので、こうした儀式では非常にパワフルで役立つ形状だ。

英語版編集者

＊＊＊

これから南方角の要素を含んだ儀式を行います。もちろん、それは〈火〉です。火の変容力を使って、東方角のエクササイズをした時に作ったリストに従い、自分の人生から捨てたいものを捨て去り、人生にもたらしたいものを呼び寄せます。

始める前に、儀式一般に関して、どのように自分を整えたらよいか提案したいと思います。**意図の中に結果があります。**最高の意図を持つ時に勝利が得られます。あなたは自分の人生の障害物をすべて取り除く方法を知りませんし、知る必要もありません。あなたの役目はその意図を明確に持つことです。意図を通して、あなたは宇宙に何が欲しいかを伝えます。宇宙はあなたを愛していますから、あなたが真に望むものを与えます。ですから、その時点での最高最善の意図を持ってください。

では火のそばに立って、大地に足をしっかりつけてください。自分の周りにあるパワーやエネルギーを集めて、自分の中に入れてください。意識的に体の中に入れて、体が拡張し、パワーが充満するのを感じましょう。それから、あらん限りの力を使って、人生から取り除きたいとリストに書いたことすべてを解き放つのだという意図を宣言してください（これは声に出して言ってもいいし、心の中で言ってもいいです）。

今度は、明瞭な意識とオープンな態度で、捨てたものを新しいものに置き換えてほしいと頼んでください。リストを火の中に投げ入れ、それが燃えるところを感じ取りましょう。火や煙とともに、欲望のエネルギーが解き放たれます。そして完全に燃え尽きたら、感謝の気持ちを捧げてください。灰とともに感謝の念を空高く送り出しましょう。

必要なのは、自分が創造したものを解き放つという意図だけです。自分よりも偉大なパワーとつながって、もはや不要な古いパターンの絆を断ちます。自分一人でする必要はありません。意図は、魂の勇者が所有する唯一最強の道具です。意図を明確で確固たるものにしてください。そうすれば助けがやってきます。約束します。

【西】

三番目の方角は、西です。

西から人は感情体について学びます。西は、水の要素や秋の季節、黄昏、クールブルー、薄いグレー、濃い紫、海、魚やイルカ、リスクを冒す力などを表します。西の方角は心の奥深くにある感情に直面する勇気を与えてくれます。西を物質として象徴するのは茶碗またはワイングラスです。

＊＊＊

昼過ぎに峡谷の高台を離れ、私たちは岩崖を下りて、谷底の川までやってきた。録音機器は高台に置いてきたので、次のエクササイズはメアリー・マーガレット自身の記憶とバーソロミューのチャネルとしての体験に依拠した。

英語版編集者

＊＊＊

私たちは川のところまで下りてきて、川の叡智に耳を傾け、そこから学びながら、今日の午後を過ごしました。早瀬を渡り、対岸のクローバーの草地に腰を下ろしました。そこでバーソロミューは三番目の方角である西、つまり水の要素について語りました。

手放す

バーソロミューの指示に従って、私たちは川岸に座り、交互に川の水を眺めたり目を閉じたりして川の流れを感じ、それに耳を傾けました。

西の方角は人に〈手放す〉ことを教えてくれるそうです。「自分たちが置かれた状況を手放すにはどうしたらよいかは、川の動きの中に見ることができる」と言われました。目という感覚器官を使って水の動きを感じ取り、そっと撫で、次には目を閉じて、耳や体感を使って自分の前を勢いよく流れる水を感じ取る練習をしました。あとで話し合ってわかったのですが、多くの人がエネルギーの動きを感じ取りはじめました。

絶えず手放しているパワフルなものに、じかに触れたり融合したりする機会を与えてくれたので、このエクササイズはとても役に立ちました。プエブロ川は非常に美しい川ですが、川幅が狭くて流れの速い川です。この川が一瞬一瞬すべてを手放し、手放しては前進しているのを感じることができました。私にとって非常にワクワクするエクササイズでした。川岸に座ってこれほどワクワクしたのは初めてだったのではないでしょうか。

これは思考を使うエクササイズではないとバーソロミューは何度も強調しました。「『あ、水が流れている。岩の周りを廻って、あちこちに流れている』などと考えてはいけない。あくまでも体の感覚として、川の水やその動きと合体しなければならない」と言いました。川の音や流れやパワーを通して、その水と一体化しました。その動きの感覚は、実に心躍る体験でした。

〈手放す〉対象は、西の象徴である感情でした。私が最初に練習したのは、小さなイライラです。たとえば、髪の毛に引っかかった小さな虫に気づいて、それに対するイライラを手放しました。非常に効果的で楽しい方法でした。海を眺めるときの体験などとはまったく違っていました。流れの速い川の教えは、何ものにもとらわれない水の速い動きの中にあります。実に楽しい体験でした。

ここでは何が正しくて何が正しくないかの評価は一切ありません。ですから得るものも多く、その午後はすばらしい体験でした。

メアリーマーガレット・ムーア

【北】

最後の方角は北です。

北は肉体や大地の要素を表します。この方角は神霊（スピリット）、真夜中、神秘、見えないもの、冬、黒、茶色、植物の濃い緑などを表します。北の方角からは、聞く力や話す力、それに沈黙のパワーがやってきます。北のシンボルは円です。

人がこの地球界に生まれてきた時、円を通ってきました。また他の世界に生まれる時も円を通っていきます。北は黒い光への入り口です。黒い光は、人が本当の意味で生まれ変わるところです。ほとんどの人は生まれ変わる時にはまばゆい光のところへ行くと信じる傾向があるので、わたしが〈黒い光〉とか〈暗闇〉とか言うと、少し恐怖を覚えます。どうか怖がらないでください。想像もできないほど何か深いところへこれから行くのだと考えてみてください。そしてその方向へ動いてみましょう。

人が克服すべき考えの中でも一番難しいのは、自分は今より高い意識の次元に生まれ変わる準備がまだできていないというものです。地球界では妊娠期間や発芽期間というものがあるので、〈生まれる〉前に一定の期間が必要だという無意識の考えが埋め込まれています。人は普通、そうした意識次元に行く準備がまだできていないと思っていますが、ではそのために何が必要かということもはっきりわかってはいません。新しく生まれ変わるためには不特定の期間が必要だと信じている限り、人は円の中に足を踏み入れないでしょう。

全人的で健全になりたい、新しい意識状態に入りたい、それも今この瞬間に、という希望を強く主張しはじめてください。すると、その実現へのプロセスが始まります。

人は誰でも、この時期に、この瞬間に、現状を突破して、自分自身に関する何らかの新しい理解を得る能力を備えています。完全な悟りのことを言っているのではありません。神と完全に融合するのを望んでいない人たちもいます。まだ神と分離した状態で生きることを終えていないからです。ですから現在の自分にふさわしいレベルでの全人性を目指して、目標に近づこうではありませんか。

混沌の真っただ中にあっても、存在の中心点を感知できる部分が自分の中にはあると知っているのは嬉しいことです。自分のパワーを動かす原点は自分であり、肉体の中にあるパワーを集中させる能力が自分にはあることを認識すると、人生がもっとパワフルになっていきます。魂の勇者として、思いどおりにパワーを集中できると知って嬉しくありませんか。ですからたった今、勇者となって、たとえほんの一瞬でも、新しい意識へと突き破るチャンスを摑んでください。

ブラックホール瞑想と曼荼羅《マンダラ》

最初に北を向いて心を静め、自分なりのやり方で自然体になってください。大地と触れている体の重みを感じてください。骨に意識を向けて、地球の引力を感じてください。地球の重量やそこに生息する動植物たちに意識を合流させてください。ゆっくりと地球と合体し、そこに根を生やしてください。

（しばらく待つ）

地球に深く根を張った状態から、今度は意識を上のほうに広げていきましょう。こうして意識を拡張していくと、はるか遠くに小さな点が見えてきて、それに注意を引かれます。目の前にはっきりと見えるようにしてください。意識をそちらに動かしましょう。自分の意識がスピードを上げながら、そちらにぐんぐん近づいています。近づいてみると、その小さな点は実はブラックホールだとわかります。別の現実への〈入り口〉です。そこで何が見たいのか、ちょっと自分に聞いてください。あなたは何を求めているのでしょうか。何を切に望んでいるのでしょうか。人生に本当に望んでいること、つまり、何か今までと違う、ワクワクする新しいことを要求してください。

（少し待つ）

これから、ここで得たイメージや印象を曼荼羅に記録します。言葉で表現するほうが楽な人もいます。そういう人はまず言葉で書いてください。たとえば、最初に感じたことが拡張であれば、その言葉を使ってください。紙の端にそうした言葉を全部書き出してください。その後で、そうした感覚を表すのにもっともふさわしい形にして、それらの言葉を書いてください。

人によっては、自分の印象をそのまますぐに紙に描きたい人もいます。そういう人は、周りにある色の中から好きな色を選び、自分の好きなように自由に描いてください。美術のクラスではありませんから、勘違いしないでください。自分の内面の体験を具体的に見るためのエクササイズです。人は色や形で自分の感情を表現する能力を持っています。ですからこの方法を使って、異次元の現実をどう体験したか、記録してください。

（全員終わるまで待つ）

このエクササイズを通して、自分がどこに旅したいのかがはっきりとわかります。それがわかると、〝内奥の自己〟がそのプロセスに参加するようになります。

このプロセスは自分一人ではできません。このエクササイズは宇宙に助けを求める方法の一つです。自分が求めるものが明確であれば、神が助けの手を差し伸べてくれます。そして連れ立って〝大いなる故郷〟へ還るのです。

13　レベル33

次のエクササイズはあなた方を想像の世界へと誘ってくれます。そう聞くと、思考する頭が直ちに疑問を呈します。

「これからすることが論理的に証明できないのなら、それが妥当なものだとどうして信じられるのか」

それに対し、何百万という選択肢の中から何か一つを選んで想像したのなら、そこには何らかの理由があるのではないかと考えてみてください。自分が想像したものが何の意味もない印象にすぎないのであれば、同じ印象がグループの中でシンボルとして繰り返されることはないはずです。けれども古今東西を通して、同じシンボルが何度も繰り返し現れています。人は想像力を使って、何かを自分勝手に一人でつくり出しているわけではありません。自分が望む目的へと導いてくれるようなものを、どうも想像するようなのです。というのも、〝大いなる無限の源〟が背後から促してくれているからです。

ですから、自分の心の中の何もわかっていない部分を使って、とりとめのない想像をしていることは思わないでください。驚くべき量の知識や理解にアクセスすることが可能であり、そこに行って自分に必要なものをコップで汲み出せばよいのです。一生を通じて昼も夜もいつでも、自分の中にある知識や理解の泉に行って、人はそれを活用することができます。

想像というのは、自分の真理と自分を合致させるためになくてはならない重要な方法で、その人だけのユニークなものになることを理解してください。

では始めましょう。

レベル33のエクササイズ

すべての数には深い意味があるのですが、人はほとんどそれに気づいていません。一つひとつの数字は、それ独特の方法で語ります。


では、数字の33について考えてください。それは単なる数字ではありません。33というのは、ある意識状態を表すパワーです。それ以外の名前で呼ぶのはやめましょう。今ここでは、単に〈レベル33〉です。

ちょっとここで、33という数字に存在するパワーを感じてみてください。このパワーにすっかり浸りながら、はしごの一番下にいるところを想像してください。〈レベル33〉に向かってはしごを登っているところを想像してください。一段一段登りながら、それぞれの数字を感じ、登っていく時の高揚感を味わってください。静かにこのエクササイズをして、〈レベル33〉に到達したら軽く手を挙げて教えてください。

（全員終わるまで待つ）

〈レベル33〉は平らな踊り場です。あたり一帯は何もない広がりです。この景色を正確に想像してください。足元を見てください。はだしの足が見えます。ガラスのように見える透明な物質の上にしっかりと立っています。そこに立って、周りを見渡してください。見渡すばかりに広がっています。周りにある柔らかさやパワーを感知してください。頭上を見上げてください。空のように見える青色を見てください。もっとよく見てみましょう。実はあなたは不思議な球体の中にいて、真ん中の踊り場に立ち、空色のドームの天井を見上げています。そこには不思議な安心感があります。前から知っていたような気がします。安全です。また足元に目を移してください。心の中ではっきりと想像しましょう。足元に気を付けながら、しっかりした足取りで、この透明な踊り場の端まで歩いていきましょう。はい、そこでジャンプしてください。

（少し待つ）

頭で分析しないで、今体験したことを紙に書き出してください。何を感じましたか。

＊＊＊

英語版編集者からのアドバイス：全員が書き終わったら、短い休憩の後、エクササイズを通して見たことや感じたことを発表してもらうと役に立つ。グループの場合、何人かの人が似たような体験をすることがよくあるからだ。

＊＊＊

ジャンプした後で見たものが物体だけでしたら、その人は〈レベル33〉にはいませんでした。でも心配しないでください。どんなレベルにいたとしても安全です。いつでもまた戻って、やり直しできます。

何を経験するのか、無数の可能性があるのに、多くの人が最後には似たような体験をしました。なぜでしょうか。本当に〈レベル33〉などというものがあるのでしょうか。その人たちは集合的に〈レベル33〉に行って、はしごを登り、踊り場からジャンプして別の現実を体験したのでしょうか。

こうしたイメージは自分で勝手に作り上げたものだと思わないでください。現実にあるものを実際に体験しているだけです。〈レベル33〉というのは正真正銘の現実であり、手に触れられる物体や形のないところなので、私がそこに連れて行ったのです。掴めるものが何もないのです。ですから、踊り場からジャンプした時に、視覚に頼って理解しようとする代わりに、直感に頼るしかありませんでした。〈レベル33〉は有形のものとは一切関係ありません。そこは感覚の世界です。

瞑想が苦手な人にとって、このエクササイズはその代わりになります。人によっては、瞑想は心を静める代わりに、繰り返し同じ雑念に悩まされます。この問題を回避する方法の一つは、〈レベル33〉に行ってジャンプすることです。同じ雑念のパターンに悩まされる代わりに、いろいろな感覚を味わいはじめ、そうした感覚が心を静めてくれます。

〈レベル33〉はまた、問題の解決にも役立ちます。問題を抱えて〈レベル33〉まで行き、そこから問題と一緒にジャンプします。降りてくる時にその問題に関して感じる感覚が問題点を明らかにしてくれ、答えを示してくれます。

このことについて話すだけでなく、実際にやってみましょう。問題を携えて〈レベル33〉まで行き、何らかの解決が得られるかどうかやってみましょう。このテクニックを学ぶために、まずは簡単な問題を選んでください。何でもそうですが、練習が必要です。

まずは個人的な問題を選びましょう。たとえば、自分や他人に対して怒りや嫉妬を感じたり、自分はだめだと思ったりしたら、その気持ちを全身で感じて、「この気持ちを捨て去るにはどうしたらよいか」と聞いてください。それは自分が心から知りたいことですね。この場合、問題やジレンマは、何らかの行動または感情に由来しています。自分が〈レベル33〉まで持って行きたい状況をじっくり感じ取ってください。前回、踊り場から飛び降りた時と同じ体験をすることはありません。毎回、新しい体験をしますので、あらかじめ何も期待しないでください。起きるがままにさせておいてください。何も考えず、自然に起こるに任せてください。

（少し待つ）

〈レベル33〉で問題を解決する

できるだけ鮮明に自分の問題を、一枚の絵として心に浮かべましょう。はしごの一番下に立って、その絵を自分の中に取り込んでください。踊り場まで登ったら、そこでドームの空間が一面に広がっている様子をしばらく眺めてください。踊り場を隅々まではっきりとイメージすることが大切です。特に自分の足元をはっきり見てください。これが、この体験が現実となるか、単なる想像で終わるかの**分かれ目、つまり試金石**がそれです。
　自分の足をしっかり見て、歩く時に地面を踏みしめているのを感じてください。確かな足取りで鮮明な自覚を持ち、問題解決にとって最適の方向を示してもらうつもりで歩いてください。踊り場の端から落ちるか飛ぶか漂うかする際に、考えにではなく、感覚に注意を向けてください。問題と漂っている時には、同時に解決策とも漂っています。そこで受け取る感覚の中に、言葉か直感的ひらめきがあって、問題の本質を明かしてくれます。その言葉や直感とともに漂い、行けるところまで行ってください。

（終わるまで待つ）

自分の意識の中で有意義な変化を体験した人は、このエクササイズの有用性を覚えておいてください。魂はものごとを文字どおりに解釈し、明確な言葉で語ります。抽象的でも象徴的でもないので、理解できないことはないはずです。答えを求めているのはあなた自身であり、魂はあなたの一部なので、答えは率直な言葉で語られるでしょう。

第3部

シンボル・動物界の味方・神話

私たちの中に眠っているシンボルを活性化することで、〝深奥の自己〟へと目覚めるためのパワフルな道具を発見できる。人間の精神の中に隠されて見えなくなっている概念や特質を目に見えるようにすることにかけて、バーソロミューは実に見事に私たちを誘導してくれる。バーソロミューによると、人は自分の中にある〈見えない〉エネルギー、たとえば喜びや心の痛み、愛情や怒りなどを表す、その人特有のシンボルを持っているそうだ。彼はこうしたシンボルをどのようにして発見し解釈したらよいか、繰り返し説明してくれる。曼荼羅《マンダラ》を描いたり、イメージ法を使ったり、動物界の味方に頼んだり、夢を解釈したりと、いくつかの方法がある。

＊＊＊

14　シンボル

シンボルは見える世界にもある。古代中国の『易経《えききょう》』でも、太陽が円を表し山が三角を表すという自然界のシンボルについて、実に雄弁に語られている。

自然はその他にも多くを私たちに教えてくれる。動物の世界を見ても、空高く飛ぶ鷲や地面を這う蛇、無邪気に遊ぶイルカなど、人間にたくさんのことを教えてくれる。このように、鳥類や四つ足動物、水生動物、神話に出てくる動物たちなどに、洞察や導きを求めることができる。これからもわかるように、日常生活の中で使える材料はほぼ無限にある。

というわけで、シンボルの世界にようこそ。この世界は、あなた方の周りに存在し、尋ねられたら教えようと辛抱強く待ってくれている。

＊＊＊

次に示すエクササイズや説明は、長年にわたって行われたワークショップの記録からとったものだ。バーソロミューの教えをより簡潔にするために、実際の記録を大幅に編集し直し、順番も変えている。数年間に及ぶ内容であっても、そこには何の矛盾もなければ、情報のギャップもないことがわかり、驚くと同時に嬉しく思う。もちろんこの章は、ワークショップで話された情報をすべて網羅しているわけではない。それぞれのワークショップはそれ自体で完結したものだ。

ワークショップは週末の二日間に開催され、そこでバーソロミューはエネルギーの結集者または編成者として、人間が自分では認めていなかった、新しくて広大な内なる可能性に目を開かせてくれた。私たちが二日間ただ静かに座っていたら、そのあいだにバーソロミューが喜んで全部してくれると何度か言われたが、それは私たちには難しすぎた。そこでバーソロミューは、私たちがテクニックを学んだりエクササイズをしているあいだに、参加者一人ひとりのエネルギー場に静かに働きかけたのだ。私にとってこの週末のワークショップは、自分が心から望むこととは、人生が深い愛で絶えず満たされていることなのだと確認させてくれるすばらしい機会となった。そこでバーソロミューからのそうした援助を、私は喜んで受け取った。

※注記　この章の中でバーソロミューは曼荼羅《マンダラ》の描き方を教えるので、大きな円を描いた紙とクレヨンまたはオイルパステルを用意することを勧める。ノートとペンも必要になる。

英語版編集者

シンボルを活性化して利用するためには、シンボルを自分の外に出して、それに自分が反応できるようにする必要があります。

＊＊＊

人類は大昔からこうしたやり方を知っていました。石でサークルを作ってその真ん中に立ったり、塔を作って鐘をぶら下げたり、地面に大きな裂け目を見つけた時にはそこに夜じゅう横たわり、朝になって生まれ変わるシンボルとしたりしました。こうしたことは人類に昔から知られていました。けれども、現代人は自然界から大きく離れてしまったので、こうした情報は意識の奥深くに埋め込まれてしまって簡単にはアクセスできなくなり、日常生活で使えなくなっています。

覚者の定義の一つは、地球界での精神の中にあるシンボルをすべて受け入れ歓迎している者ともいえます。では、できるだけたくさんのシンボルを活性化しましょう。そしてシンボルを日常生活の中で有意義に利用してください。

そのためにまず、人間の世界がいかに自然と結びついているか観察しましょう。自然はもっとも直接的な鏡であり、人間の意識にとってアクセスしやすい教師です。自然や自然界の出来事は、思考する頭が達することのできない内面にも語りかけることができます。

こうした自然界のシンボルの多くは『易経』の中で説明されています。ですから『易経』はシンボルに関するガイドブックといえるでしょう。この本に出てくる五つのシンボルについて、今朝は話します。それは、山・湖・太陽・龍・火の五つです。これらのシンボルが、人間の置かれた状況にどのように関係しているかみてみましょう。

まず、山をみましょう。山は、静寂、力強さ、持続性などを象徴し、心が落ち着き、自然体である時の性質を表しています。

湖は内面の沈黙の空間であり、無意識や内なる神性を反映しています。自分の内面深くにある湖を見つめると、自分を束縛している感情が何かがわかります。

太陽の円形は、〃大いなる光〃や希望や意識の目覚めを表す偉大なシンボルです。暗闇を追い払い、温かさと安心感で満たしてくれます。

神話に出てくる龍は、数千年の歴史を通して、人間の意識の中でシンボルとして存在してきました。龍が吐く炎の息は稲妻を象徴し、天と地の懸け橋となっています。空飛ぶ龍と自分を重ね合わせてください。すると、自分を地球界に縛りつけてきた考えや習慣や信念を発見できます。

そして最後に火です。火は、変化と変容のシンボルです。

では、こうしたシンボルを使った瞑想をして、日々の生活にどのように活かしたらよいか、みてみましょう。

『易経』のシンボルに関する瞑想

【山】

こうしたシンボルについて、『易経』が書かれた太古の時代にあっては、山は〈黙って静止している〉ことと同じでした。山の特質である、〈黙って静止している〉ことを実践して、自分が山であることを知るプロセスを始めましょう。山の性質を感じましょう。あなたは地球と分離した存在ではありません。あなたは山です。

では、目を静かに閉じてください。自分の意識を周りの世界から自分の中に向けましょう。体の中に意識をしっかりと据えてください。床や椅子に座っている自分の体を感じてください。自分の意識が体の中にちゃんとあることを感じたら、今度は、自分が山だとしたら、どんなふうに感じるだろうかと考えてみてください。山は自分をどのように感じるでしょうか。辺りに広がる深い山のパワーを感じてください。岩のように堅固で、パワフルで、黙って静止している山を感じましょう。山の周りや山の上で何が起きようとも、山は山のまま、動じません。そんな山の強さを感じましょう。山の頂上が天空に突き出しているのを感じてください。高くて強い、光り輝く山頂のパワーを感じましょう。どっしりと、自然体で、力強く、山になっていましょう。
（少し待つ）

このエクササイズを練習しつづけると、山の特質である、どっしりと力強く落ち着いた持久力が生まれてきます。こうした性質を育んでいくと、いざという時に、山のことを思い出し、この感覚を実感できます。外にあるもので、あなたの中にないものはありません。あなたの中には、山の持つ持久力、忍耐心、力強さがあります。

【湖】

人気のない山の奥地に湖があります。湖と山は一体となり、あなたの内側にあります。この湖はあなたの想像力で作り出せるものですから、山のすばらしい存在感を感じつつ、山の中を動き回って、自分の心の中にある湖の場所を探してください。
人間の歴史上、湖は天国を映し出すものとして記録されています。この内面の湖は神秘的なイメージを秘めています。湖の場所が見つかったら、心の中の湖を実感し、目覚めた意識を使ってはっきりと見てください。たっぷりの水をたたえた深い湖として想像してください。水の色に気づきましょう。水は温かいでしょうか。冷たいでしょうか。

それからゆっくりと湖の中に入っていき、そこに潜んでいるイメージを体験しはじめてください。これはあなたの湖です。あなたを映し出す鏡です。あなたの深さはどのくらいですか。この湖の静けさの中に浸っているのはどんな気持ちですか。深くて神秘的な、いわゆる無意識の部分に浸っているのはどんな気分ですか。怖れるものは何もありません。あなたの奥深くには、〝神性〟を映し出す鏡があり、〝神性〟そのものがあります。

（少し待つ）

自分の存在の奥深く、自分の湖に静かに降り立ち、目覚めた意識を使ってそこに浸る作業を続けていると、この無意識の湖からさまざまなイメージやインスピレーションを受け取れるようになります。それは、シンボルだったり、言葉や考えだったり、アイデアや質問や答えだったりします。無意識の部分を理解したいが、どうやったらよいかわからないという人は、このイメージ法を毎日練習することをお勧めします。すると、それまで何かよくわからない神秘的で暗くて怖い部分と思われてきた無意識が、安心できて、怖くないものに変わります。敵ではなく友になり、避けるべきものではなく歓迎すべきものになります。

自分の内面の湖に浸るという簡単なエクササイズをするだけで、〈自分を知る〉ことが可能になります。これは自分に与えることのできる最高の贈り物です。

【太陽】

山があります。その山の奥に湖があります。では次に、太陽のシンボルを加えます。

座ったまま、奥地に湖を抱えた山となって、地平線の向こうに朝日が昇り、山の斜面に朝日が射している様子に気づいてください。地平線上で赤々と燃えている朝日を感じ、山となっているあなたの山肌の隅々まで、谷間の隅々まで、山頂の隅々まで温めている朝日を感じましょう。太陽が自分を温め、自分に触れ、自分をそっとなで、炎で満たし、光や温かさや安らぎや安心感で満たしてくれるのを感じましょう。

地球界で知られているもっともパワフルで、しかもシンプルな太陽の瞑想の一つに、次のものがあります。

毎朝、太陽が目覚める頃、暗闇から太陽が昇り、辺りを照らし出すとき、太陽に挨拶をしてください。自分の顔や腕や胴体や足に太陽を感じてください。そこに立って、昇ってくる太陽をそのまま体感しましょう。これは太古の昔から人類が行ってきた瞑想です。見晴らしの良い田舎に住んでいなくても、この瞑想はできます。自分が住んでいるところに太陽が昇ったら、目を覚まして、太陽が見えても見えなくてもいいですから、太陽の方角を向いて静かに座ってください。太陽の光が地平線上からサッと自分のほうに射し込んでくるところを想像しましょう。光が自分の山を照らし出したら、その温かさが自分の中で何かを呼び覚まします。それを感じ取りましょう。

このイメージには、人の中に深い感謝の念を呼び覚ます力があります。来る日も来る日も、光がやって来てはあなたを満たしてくれます。あなたの存在の隅々にまで光が達し、肉体や感情や精神の割れ目にも入り込んで、暗闇や夜の影を焼き尽くし、温かさや平静さ、安心感や充足感、安らぎを与えてくれます。このことを忘れないでください。この瞑想でどんな感情が起こりますか。何を思い出しますか。この瞬間こそ、太陽に象徴される〝大いなる光〟を認識し、それに深く感謝する時です。

世界の数多くの文化において、太陽は神の象徴です。神が再びあなたのところにやって来て、あなたを満たし、そっとなで、何もしなくても、ただ神に顔を向けるだけで、神の〝大いなる光〟があなたを抱きしめ満たしてくれるのだと思い出しましょう。

（終わったと感じるまで続けてください）

地球界の曼荼羅《マンダラ》

山や湖や太陽のシンボルが強力な現実となり、それらの属性があなたの意識の一部となるように、これから曼荼羅を作成します。

大きな円を描いた紙を目の前に置いて、静かに座り、リラックスしてください。これらのシンボルの一つひとつについて、じっくり考え味わってください。これまで話したことや体験したことをすべて思い出して、深く考え、感じてください。

それから、クレヨンかパステルの色を半眼で眺めて、直感的に色を一つ選び、手に持ってください。紙の上に何らかの形で山の真髄が表現されるようにと心から願って、目は半眼のまま、あたかも山が自分を通して動いているかのように、クレヨンかパステルを紙の上で自然に動かしてください。

次に、今したことを分析したりせずに、目はまだ半眼のまま、今度は湖の色を選び、同じように描いてください。湖が自分を通して紙の上に表現するにまかせてください。円の外側にはみだしてもかまいません。別の色を付け加えたくなったら、そうしてください。けれども目は常に半眼にしていてください。

今度は、太陽を表す色を選び、これまでと同じやり方で、太陽が紙の上に表現されるようにしてください。曼荼羅は芸術作品ではありません。あくまで、すばらしい自然界とのつながりに対して、自分の存在がどのように反応しているかを示すものです。自然界はものごとの完全性をシンボルとして示す用意が常にできています。このすばらしい惑星にあるエネルギーはすべてお互いに関わっており、お互いを支え合い、お互いに滋養を与え、ひとつの部分が他の部分に真理を教え合っている――そのことを自然界は人間に思い出させてくれます。

（全員が終わるまで待つ）

【龍】

『易経』では龍のシンボルがよく使われます。さまざまな目的に使われますが、今日はその一つを選び、私たちなりの言葉に置き換えましょう。エネルギーは思考に従うという真理を自覚しながら、どのような考えが自分を地球界に縛り付けているのか、そうした考えから自由になって、空を飛ぶとどんな気持ちがするかを龍に教えてもらいましょう。

用意するもの

●ノート
●鉛筆かペン

できるだけありありと龍をイメージしてください。怖くない程度に、でもパワフルに思えるほどの大きさにしてください。慎重にその背中にしっかりと乗ってください。これは空想ではなく、イメージ法です。正しく使うと多くのことを学べます。

では、体の下に龍の翼が広がっているのを感じてください。龍が大地から飛び立つ時の最初の動きを感じましょう。その最初の数秒間に、ある種の抵抗、上昇できない感覚に気づくでしょう。紙と鉛筆を手に持って、目は閉じたまま、力強い翼の動きと大地の抵抗を感じながら、この抵抗の中身に関して心に浮かんだことを書き出してください。特定のことでも一般的なことでも、両方とも書き出してください。たとえば、〈怖れ〉は一般的で、〈死の恐怖〉は特定のことです。罪の怖れ、罪悪感の怖れは特定のことです。欲望は一般的で、子どもから離れたくない気持ちは特定です。怒りは一般的ですが、Xに対するAのことでの怒りや、Yに対するBのことでの怒りは特定です。特定のことを書いてください。

龍の翼が大きく羽ばたいて、大地を離れ、大空を自由に飛ぶ瞬間が感じられるまで、書きつづけてください。

（少し待つ）

ここで、人間の魂には高い次元の意識にまで拡張する能力があることを思い出してください。今こうして感じている動きこそが、そうした時に感じる感覚です。この時点で、龍と空を飛びまわり続けてもいいですし、またはいうイメージを捨てて、自分の意識がより高く、より遠くまで、どんどん伸びていくのを追っていってもいいです。すると意識の一部が天空を満たしていくのが実感できます。この拡張感、どこまでも無限に広がる意識の感覚をできるだけ長く感じてください。できるだけ長いあいだ、この無限の空間にいつづけてください。

（しばらく待つ）

地球のほうへとだんだん戻ってきていると感じたら、引っぱられるままに、感謝の気持ちを抱きながら、そっと戻ってきてください。一度これを体験すると、またいつでも戻ってこられることを覚えていてください。この飛行を一度経験すると、いつでもまた自由に体験できます。

このエクササイズの最後のステップは、この旅を通して感じたことや考えたこと、したいと思ったことなどを細かく記録することです。地球を旅した人がその日に起きたことを記録するように、書き留めてください。そして、自由に飛び立つことへの障害を克服したという感じがあったなら、その勝利もきちんと記録してください。

（全員が終わるまで待つ）

【火】

人間の心にとってもっとも神秘的なシンボルは、火ではないでしょうか。人間の歴史を振り返ると、火の発見が人間の生活を根本的に変えたことがわかります。

火は変容のシンボルですが、火は他のものがなければ存在できません。燃えるためには何か他のものにぴったり寄り添っている必要があります。そのため、『易経』では、火は〈執着〉を表します。〈執着〉という言葉は、何か否定的な意味にとらえられるようになりました。現代では、人は何事にも執着してはいけないと思っています。けれども、変えたいものをしっかり摑んで、目覚めた意識で吟味しなければ、いったいどうやって自分の心を変えることができるのでしょうか。「執着する」とか「明るくする」という言葉が、火の性質を表します。火が一つのものから次のものへと移る時、あらゆる種類の変化がそこに起こります。

では、変化の象徴として、火は人にどんな意味をもたらすのでしょうか。あなた方は自分の心や人生、内面や外の世界の一部をいくらか変えたいと思っているという前提で話しています。そのためには、自分が変えたいと思っているものの定義を変え、改造し、作り直す必要があります。自分が変えたいと思っているものが何なのかがわかるまで、変化を起こすことは不可能ではないにしても非常に困難です。ですから、これはそのチャンスです。

静かに座って、意識を内面に向けましょう。ノートと鉛筆をまた使って、変わってほしいと思っていることを丁寧に正確に書き出してください。

（全員が終わるまで待つ）

このエクササイズの後半では、パートナーが必要です。あなた方は誰でも今書き出したことを真の意味で変容させたり、作り変えたり、新たに生み出したりする方法を知っていると私は確信しています。パートナーと組んで、自分のリストの中から一つ選んでください。そしてパートナーに、あなただったらどうするか、その問題のどこから手をつけるか、尋ねてください。

それが終わったら、今度はパートナーが自分の問題を一つ選びます。こうして、新鮮な視点から自分の問題を解決するための新たな解決策を得ることができます。


（全員が終わるまで待つ）


変容というのは、何か古いものを自分の気に入るように変えるプロセスです。もっと美しくしたり、もっと意味あるものにしたり、もっと役立つものにするプロセスです。

ここでちょっと、怒りの劇的な変容について話したいと思います。あなた方の中にはとてもクールで、火の要素がまったくない人がいます。火を怒りと同一視し、怒りはよくないと思っているからです。けれどもここで理解してほしいのは、怒りの火は魂に火をつけることもあるということです。他人や心の痛み、つらい感情を寄せつけないために、人は自分の周りに氷のような壁を作り上げます。怒りがあると、そうした冷たさがとけはじめます。火は古いパターンを非常に直接的なやり方で壊すことができます。魂の火が燃え出して、「変容の時が来ましたよ」と言っている時は特にそうです。

火は人間がもっとも怖れる要素です。火は燃え出すと収拾がつかないことがあるからです。火はこの惑星に変化をもたらし、この惑星の最後の日まで変化を起こしつづけるでしょう。見境なく燃える火は、地球上でもっとも破壊的なシンボルです。けれどもその変容力を使いこなせば、火は私たちを〃大いなる故郷〃へと連れ戻す力もあります。

覚者とは、ハートに火がつき、目が内面の炎で光り輝いている者のことです。それはどういう意味でしょうか。では、最後の瞑想として、山の中に火があるイメージを描きましょう。

怒りを変容させる瞑想

『易経』では、山の中の火を強力なイメージとして使います。では、前にしたように、自分を山として感じてください。今度は、内面の湖の冷たさの代わりに、火の熱さを使います。

自分が山となったつもりで座り、非常に腹が立った出来事を一つ思い浮かべてください。その時の感情を感じてください（この感情が大切です）。その出来事を心の中で再現し、みぞおちの辺りでそれを体験してください。そのうち、熱のような感覚に気づくでしょう。その感覚をじっくりと観察してください。鈍い感覚なのか、鋭敏な感覚なのか。陰気か陽気か。断続的に燃え上がるのか、継続的に燃えているのか。

そこで、こうした感覚を一切変えようとしないで、同じ場所に、信じられないほど美しい火が燃えているのを想像してください。この赤々と燃える大きな火が先ほどの感情を完全に包み込み、燃え尽くすままにしていてください。この清くて聖なる新しい火の熱を感じましょう。炎の中にあるさまざまな色、赤や青、オレンジ色や黄色に気づきましょう。〝聖なる火〟がパチパチとはじける音や、ゴーッと燃える音に聞き入ってください。そこに黙って座り、この新しい浄化の感覚で自分を満たしましょう。先ほどの怒りの火が燃え切って灰になるまで、この火を激しく燃え立たせてください。

このテクニックは、過去の怒りに対しても、今感じている怒りをその場で燃え尽くすのにも使えます。

大事な点は、新しい怒りが出てきた時にそれを充分に感じてから、〝聖なる火〟を呼んで、怒りの火を燃え尽くしてもらうことです。怒りの変容が本当に体感できるまで、〝聖なる火〟を燃え立たせてください。最初の怒りが灰に変わるまで止めないでください。大丈夫、できます。

（全員終わるまで待つ）

世俗的な地球界の出来事を無形で無限の〝聖なるもの〟に変容するシンボルとして、火はこれまでいつも使われてきました。エネルギーは思考に従います。心の中に聖なる火を創り出そうとすればするほど、変容のプロセスが早く終わります。このテクニックをきちんと試すまで、あきらめないでください。あなたの人生を大きく変える力になるかもしれません。

15　動物界の味方

アニマル・スピリットなどのように、見える形としてシンボルがあると、大いに役立つことがある。ネイティブ・アメリカンはこれまで、動物界に根差した叡智や導きを上手に使って生きてきた。彼ら自身の名前でさえ、シッティング・ブル（座っている牡牛）、ブラック・ホーク（黒鷹）、ホワイト・バッファロー・ウーマン（白バッファローの女）などに見られるように、動物界との親密な関係を示す。ヴィジョン・クエストやスウェット・ロッジなどの伝統的な儀式も、自然界の霊的な叡智を認め、称えるものだ。

＊＊＊

バーソロミューは人間が周りの世界から助けてもらうためのさまざまな方法を何度も教えてくれる。自然界からは、動物たちを師として導きを得ることを教えてくれる。人間から頼まれると、こうした動物たちは、直感や直感に従う勇気を示してくれる。

英語版編集者

＊＊＊

人間の味方について詳しく説明し、どのように人生にそれを活かすかという話を始める前に、動物界のすばらしさについて少し話したいと思います。

人間を含む二本足の動物だけでなく、羽を持つ鳥たち、ひれを持つ魚たち、四本足の動物たちのすばらしさについて話しましょう。地球の始まりからずっと、こうした動物たちは地球のためにすばらしいことをしてきました。地球の意識の奥深くには、その記憶の一部が残っています。ここでその一部を紹介しますので、思い出してほしいと思います。ここで話すことはどれも目新しいことではありません。人間自身の歩みの記録であり、人間の意識の一部となっています。

では、人間がいわゆる肉体という形を持って地球界に現れ、ここでの生活に慣れようとしていた時に戻りましょう。

当時、山や川や谷や海にはエネルギーの渦があり、人間はいつでもそれらとつながることができました。そうしたエネルギーの渦は、今では動物や魚や鳥と呼ばれています。太古の昔には、それらは人間を助けてくれる偉大な存在であり、こうして自然の各部分が協力して、いわゆる地球界での体験というものを統合していきました。人間は自分の思考をそうしたエネルギー場に向けるだけで、必要な助けや導きを得ることができました。

たとえば、平原を旅している部族が水を探しているとします。当時はそれほど難しいことではありませんでした。鳥に感度を合わせると、答えが得られました。食料を探している時は、動物の意識に感度を合わせて、尋ねるだけでよかったのです。昔はそのように、動物界は常に人間たちを助けることができたので、人間に安心感を与えることができました。そのかわり、人間は動物の意識を地に着かせる役割を担いました。人間と動物のあいだには、愛と感謝と賛美に根差した深い絆が生まれました。

今日においても、自然界との深い愛情や絆を持っていることは、その人が古い魂である証です。霊的に目覚め、霊的に活発な人の多くは、動植物界との深いコミュニケーションを再開しています。創造界の異なる部分の橋渡しができることは、明らかに霊性の特質のひとつです。そうする時が来たと思います。多くの人がこうした関係を深める準備ができています。これがどのように役立つのか、少し説明したいと思います。

いわゆるニューエイジといわれる現象の一つは、異なる世界のあいだにある障壁を除去したいという願いです。たとえば、見える世界と見えない世界のあいだにある壁や、この地球上の生命体のあいだにある壁を取り除きたいという願いです。動物を理解し、心を通わせ、その真理に感覚を研ぎ澄まそうとすることは、自分自身や地球に大いに奉仕することです。障壁を取り除き、コミュニケーションの橋渡しをすることで、他の人が同様にすることを容易にします。自分の種族以外の存在と真にコミュニケーションを図るたびに、その人は地球界にすばらしいパワーをもたらします。

この惑星の一部は、〝大いなる一〟へ移行しています。異なる生命体が再びお互いの進化を共有し、援助し合えるような〝大いなる一〟の世界です。樹齢五千年の木の知恵を理解したり、クジラの意識に自分の意識を混ぜ合わせたり、鳥と一緒に飛ぶことができるなんて、すばらしいことだと思いませんか。分離意識ではなく、全体とつながっているという意識で再び導かれるというのはすばらしいことです。

人間の味方という概念は非常に深遠で幅広く、とてもこの短い時間で語りつくすことはできません。ですからここでは、味方に関するいくつかの真理を語ることにしますが、それがすべてではないということを理解してください。

さまざまな味方がこれまでどのように人間を助けてくれたかを知るには、世界各地の異なる文化において語り継がれてきた物語や神話、おとぎ話が役立ちます。そこでよく見られるのは、動物や鳥や魚が、人間を助けるために現れるというテーマです。主人公たちが困っているところを助けてくれたり、道に迷った時に助けてくれたり、警告を与えたり何かを教えてくれたりします。

おとぎ話と呼ばれる話を読むと、人間がこうした助けをどのように使ってきたかを知ることができます。最初にこうした話が書かれた時には、この話には真理が含まれているという認識がありました。けれども何世紀も経って文化が発達するにつれ、こうした真理は単なる想像の産物だとみなされるようになりました。このような物語を読み返し、そこに含まれる教えに注意を払うと、今の生活にそうした教えをどのように活かすことができるかがわかります。

ここでは、自分の味方をどのようにして見つけるかというテクニックを教えたいと思います。この一つの瞑想テクニックだけに依存するのではなく、動物界の味方とつながる新しい方法を自分の中に見つけるようにしてください。

意識しているかどうかに関わりなく、ある種の味方にすでに親近感を感じていることを発見する人もいるでしょう。自分の生活を観察することでそれはわかります。自分でもなぜか知らないままに、鳥の羽や置物や動物界に関係のある美術品を集めたりしている人もいるでしょう。これまでは無意識にそうしたことをしてきたかもしれませんが、ここで自分が引き寄せてきたものに気づくのもいいでしょう。

壁にどんな絵や写真をかけていますか。そうしたことに注意を払うと、あなたを待っている友人の存在に気づけます。周りの人がなぜかあなたに動物のポスターや置物をくれるかもしれません。こうした兆候に注意を払ってください。そこに何か一貫したパターンがあるかどうか、考えてください。

時が経つにつれて、自分の味方が変わることがあります。それを知っておくのも大切です。自分がさまざまな意味で統合され、今ある味方に充分に助けられるにつれ、別の動物を師に迎える可能性が生まれます。自分の外側にあるものはすべて、よく観察してみると、何かを教えてくれます。あなた方の多くはこの時期、教師であるよりも、良き聞き役、観察者、生徒になる準備ができています。創造界のすべての部分が、あなたと深いレベルでつながり混じり合いたいと願っていることに気づくと、あらゆる瞬間が生き生きとしてきます。散歩をするにしても、それが街の中であれ、森の中や海辺であれ、とても楽しいものになります。体を動かす喜びをはるかに超えたものになります。

あなた方の惑星に古くから伝わる言い伝えの中には、物質界からのサインやメッセージを読み取る能力を持つ賢者の話が必ず出てきます。文化によってその呼び名は異なります。シャーマン、魔法使い、仙人、メディスンウーマンなどと呼ばれています。呼び名は何であれ、こうした霊的に進化した賢者たちは外界を読み取り、そこからのメッセージを伝える能力を持っていたとされています。

今の時代にあっては、こうした賢者は非常に珍しい存在ですが、人は誰でも自分自身のシャーマンになる能力を備えています。そのために必要なのは、非常に単純なことです。心から聞いたり見たり理解したりしたいと望む気持ちを、じっと感じる能力です。叡智を求めようと決意して、目に見えるものすべてに対して、「教えてください」「私とエネルギーを交流させてください」「私をやさしく包み込んでください」と頼むことです。

前にも何度も言いましたし、それが真理だとわかっていると思いますが、この創造界のあらゆるものはつながっています。一つのエネルギー体が別のエネルギー体と混じり合い、その美しさや叡智や存在の深い意味を感じ取る能力があるのは、この基本的な真理に基づいています。人が日々こうしたエネルギーの交流を始めると、人生がこれまでよりはるかに感動的なものになります。

動物界の味方がしてくれることは無数にあります。ここにほんの数例を挙げましょう。味方について深い瞑想をすると、自分のどこが強くてどこが弱いか、なぜこの味方が自分に与えられたかが理解できます。味方は自分を強くする方法を教えてくれ、あなたが忘れていた特質を思い出させるためにやって来ました。味方はまた、いっしょに楽しく遊ぶことで、あなたの中の生真面目でない部分を引き出してくれます。怖れに埋没していない部分を引き出してくれます。これが味方の基本的な特徴です。

ですから瞑想する時に、このすばらしい友人と楽しく遊んでいる時の自分はどんなだろうと想像してください。想像力や内なる記憶を使って、大きくファンタジーを羽ばたかせてください。たとえば、大きな黒熊といっしょに草原を転げまわったら、どんなふうに感じるだろうかと想像してください。

動物界の味方はまた、人を新しい目的地に連れていくために来ることもあります。多くのおとぎ話や神話の中で、人間が味方の動物の背にまたがったりぶら下がったり、場合によっては飲み込まれたりして、目的地に辿り着きます。味方のことを考えながら瞑想状態に入り、この簡単で楽しいエクササイズをしてください。その動物にまたがり、自分が行くべきと思うところに連れていってくれと頼んでください。目的地に着いたら、いっしょに探検について来てほしいと頼んでください。

これはくだらない想像なんかではありません。これは、新しい意識レベルに引き上げてもらい、その世界まで連れていってもらう方法です。ペガサスや龍に乗る人、巨大なクジラの話を聞いたことがあるでしょう。こうした人間の友達は、人が向かっている次の意識レベルを見せてくれ、その新しいレベルに達する手伝いをしてくれます。これは大昔から人間が使ってきたテクニックの一つで、パワフルで偉大な味方に、意識の次の目的地まで連れていってもらいました。どうかこれを試してみてください。決して後悔しないでしょう。

動物界の味方はまた、慰めてもくれます。試したことのない人には想像できないかもしれませんが、パワフルで偉大な味方の動物の胸に抱かれたところを想像すると、多くの人が深い安心感を味わいます。人間の子どもが動物に育てられる神話もあります。実際のところ、こうした動物の味方たちの優しい心は、いつでも人間を慰めようとしています。人から誤解されたと感じたり、独りぼっちで寂しかったり、必要なものがなくて苦しかったりした時に、ぜひこの味方とのつながりを求めてください。素直に求めると、安心感を得られ、寂しくなくなり、前よりも心が穏やかになることは間違いありません。

味方は弱気でいる時に人を強くしてくれます。挫折して弱気になり、前進するには勇気ある行動が必要だとわかってはいるが、怖くてできないと感じる時、味方の勇気を実感しようとしてみてください。頭でさまざまな選択肢を考慮した後で、目の前の難局に直面する勇気を示す選択肢をハートに選ばせましょう。その勇気を感じ、体でその勇気を表現してください。その勇気で体中が満たされていると感じましょう。

動物界には実にすばらしいパワーがあふれています。昔から、動物たちの勇気や知恵、優しさや賢さ、自分を顧みない献身的な行為などが観察されています。〝大いなる一〟の一部であり、人間を助けようと待っている動物たちと永続的な関係を作って、自分という存在を拡大することを真剣に考慮するようにお願いします。

特定の動物に親近感を感じる人も多いでしょうが、味方となる動物はそれとはまったく違うかもしれません。**自分の味方となる動物が何であるかという先入観を捨ててください。**

動植物界などが人間と交流しようとしている理由の一つは、人間の中には孤独に悩んでいる人がいるからです。人間が森の中を歩いたり、海辺を散歩したり、自然界と関わる時に、人間には「独りぼっち」という感じが漂っています。動植物界は、異種族間の相互連結性を保っているので、そうした孤独感は感じません。
ではこれから動植物界と再びつながり、お互いのあいだで滋養の交換ができるようにしましょう。それを完全に感じると、自分が孤独だなどとは決して思わなくなります。人間と常につながろうとしている〝他のもの〟にあなたはいつも囲まれているのですから。では、床に座って瞑想する準備をしてください。始めます。

動物界の味方についての瞑想

あぐらをかいて座り、右手を右膝に乗せ、左手は足首に置いてください。ではゆっくりと体を前後にゆするか、左右にゆすってください。楽なほうを選んでください。体をゆっくりとゆすりながら、意識を深く体の中に入れていきます。体がゆったりとし、心が落ち着いたら、体の中心に戻って休んでください。

（全員が止まるまで待つ）

味方となる動物は地上にいるか、水中にいるか、空にいます。これからそれぞれの分野を探っていきますので、自分を一番強く引きつけるものが何か注意してください。

最初に、海を見ます。海に向かって砂浜を歩いている自分を想像しましょう。それから水に入ってください。静かに力強く海の中に潜っていきます。きらきら輝く広大な青い水の中をゆっくりと海底まで下りていきましょう。楽に座れるところを見つけてください。もしここがまるで我が家のように落ち着く場所でしたら、そのままここにいてください。そうでない人は、私についてきてください。

（少し休む）

ではまた浜辺に戻ってください。今度は、巨大な羽をつけて、空に飛び立ってください。青い空にいる自分を想像してください。雲がはるか下に見えます。どこまでも広がる空をあなたは自由に飛んでいます。飛びながら、羽のパワーを感じてください。風に押されて楽に空高く舞い上がっている自分を感じましょう。これが自分の場所だと感じたら、そこにいてください。そうでない人は、私についてきてください。

（少し休む）

また浜辺に戻ってください。今度は深い森の中に入っていく自分を感じてください。森は肥沃な土の匂いがし、そよ風に揺れる木の葉の音が聞こえます。木漏れ日が射して、大地にはぬくもりがあります。どこか安心できる心地よい場所を探して、そこで休んでください。

（少し休む）

海か空か大地か、どこであれ、安心していられる居心地の良い自然の家で憩いながら、自分の呼吸に意識を向けてください。座ったまま、息が出たり入ったり、出たり入ったりするのを感じましょう。

では、今この瞬間、この場所で、手を茶碗状に丸めて目の前に置いてください。目は閉じたままです。私が「見てください」と言ったら、手の中を見て、そこにどんな動物がいるか、覚えていてください。

一、二、三。はい、見てください。

それから目を閉じて、自分に合ったやり方でこの動物を自分のハートに入れてください。心の中で動物に話しかけてください。そして、動物の言葉にじっと耳を傾けましょう。ゆっくり時間をかけてください。

（待つ）

この動物との対話が終わったら、紙とペンを取り出して、自分が見たものや感じたことを書いてください。動物の名前か描写の下に、プラスとマイナスの性質を書き出してください。それをする時に、どうかこの動物との実際の体験に基づいて書いてください。他所で聞いたことや教わったことに影響されないでください。

（全員が終わるまで待つ）

このエクササイズで出てきた動物には次のような例がある。サルの笑顔。とても小さな鹿の赤ちゃん。虎になった鹿。カラス。アライグマの鼻と顔。鷹の強大な羽。雲。蛇。狸。クジラ。イルカ。鷲。羽の生えた馬。

次に続くバーソロミューと参加者の対話では、その参加者は鷲を選んだ。この参加者は過去二年間、味方となる動物に関するワークショップに数回、参加している。この例を選んだのは、一定期間を通して人がどのように変化したかを示すためだ。

英語版編集者

＊＊＊

あなたは自分の味方として鷲を選んだということですね。強力なパワーを持った鳥を味方に選んだ人が直面する課題は、自身の力で空高く舞い上がる能力を持つことです。そして空高く舞い上がることなしには、決して満足しないことを理解することです。

それと同時に、時にはそうした高尚さや舞い上がりを追求しないことも必要です。鋭い爪のある強大な鳥に甘えて寄り添うのは難しいものです。大きな羽を引っ込め、くちばしや爪が相手を傷つけないようにして、同じパワーをもっと柔らかく表現する必要があります。

強力な鳥を味方に持つ人は、往々にして、人との親密性に支障が出てきます。友人関係は問題ありません。友達とは空を自由に飛び回ることができます。問題は恋人や夫婦関係などの親密性です。羽をたたんで柔らかくなることを学ぶまで、周りの人を怖がらせます。というのも、そういう人たちから見ると、あなたはどこか遠くまで舞い上がって手の届かない状態にいるからです。人の意見も受け入れ、自分の考えを分かち合おうとしているのだということがわかりません。自分の中にあるこの二つの部分のバランスを取るために最大の努力をするのが、あなたの役目です。孤高の精神を持って空高く飛ぶものとして、あなたは人を鼓舞し育みます。

あなたが理解しなければいけないのは次のことです。あなたが自分も同じように人から励まされたり優しくしてもらうことを受け入れたら、その時初めて、あなたは他の人間と出会い、混じり合えます。これは非常に大切なことです。巨大な鳥は人を怖がらせますが、柔軟で適応性のあるパワーは実にすばらしいものです。あなたを励ましたりあなたに優しくするのは、相手にとっての喜びなのだということを忘れないでください。

　では、鷲という味方について話してください。

参加者：私の鷲の特徴は、自由に空を飛び、強くて、遠くまで見渡せること。喜びにあふれ、勇敢で美しい。荒々しく、パワフルです。もし狭いところに閉じ込められでもしたら、暴れまくって、飛び出そうとして自分を殺してしまうかもしれません。

バーソロミュー：あなたにとって閉じ込められるとはどういう状態ですか。

参加者：言いにくいことですが、ある種の人間関係です。

バーソロミュー：人間関係のどういう面ですか。

参加者：あなたが先ほど話していた、柔らかくて温かい愛情面です。

バーソロミュー：そういうことがあなたを閉じ込めますか。

参加者：なぜか落ち着きません。

バーソロミュー：なぜ落ち着かないと感じるのですか。

参加者：私も本当はそういうことを感じたいのですが、手に入れたとしてもすぐに失うのではないかと怖くなります。ですからいつもどの程度だったら安全かと考えています。

バーソロミュー：わかりました。つまりあなたは誰かにやさしく愛情をかけてもらったり支えてもらったりするのが苦手だということですか。こうした愛情をかけてもらったら、またいつかそれが引っ込められるかもしれないと不安だということですか。それが問題ですか。それとも問題は他にありますか。

参加者：愛情をかけてもらうことに慣れてしまったら、それなしではいられなくなって、今度はそれがなくなった時に、まったく無力になる気がします。

バーソロミュー：鳥にはすばらしい特質があります。飛ぶことができます。同じ場所にじっととどまる必要がありません。賢い鳥は、愛情をかけてもらえないとわかると、空に飛び立って、自分を愛し支えてくれるものを探します。鷲が自由にどこにでも行けるように、あなたもそれができます。では、鷲の他の特徴について話しましょう。

参加者：難しい面としては、危険で、他を信用しないことです。野性的で、自己防衛反応が発達しています。絶対に他に頼らず独立精神に満ちています。脅威を感じたら、すぐに攻撃します。誰かと仲良くするような鳥ではありません。

バーソロミュー：まったくありませんか。自分で選んだ仲間が数羽でもいませんか。

参加者：唯一親しくできるのは自分の子どもです。

バーソロミュー：どのようにして子どもを作ったのですか。

参加者：卵を産んで？

バーソロミュー：この鷲はどのようにして卵を産むことになったのですか。

参加者：（少し考える）もう一羽の鳥を近づけたから？

バーソロミュー：そうです。ずっとずっと近づけたからです。鷲や雁、鷹やコンドルなど、空高く飛ぶ鳥を味方に持つ人たちは、決して大家族などにはなりません。けれどもその代わり、一、三人の人たちと対等で深い関係を築いて味方にします。それ以外の人たちとは比較的希薄な関係です。でも気にしないでください。それはその〈鳥の習性〉なのですから。そしてとにかく実に自由です。

参加者：誰かを失う怖れを捨てたいです。それに加えて、もっと柔らかくなりたいと思う時に出てくる所有欲や嫉妬、愛情への飢餓感なども捨てたいです。今の時点では鷲をやさしく抱きかかえるなどということはできないとわかっています。今まで欠乏していたのは、柔らかさであり、愛情であり、温かさでした。

バーソロミュー：飛んでいる鷲を抱きかかえることはできませんね。それには同意します。

参加者：鷲を腕に抱きしめることはできませんでした。もちろん、小さくすることはできたかもしれませんが、人を寄せつけない硬さにたじろぎました。あまりに堂々としていて高貴な感じでした。

バーソロミュー：親しさというのは、何か高貴さに劣るものだと思いますか。

参加者：はい。

バーソロミュー：考え直してみてください。鷲が柔らかさと横たわり、優しさや思いやりを受け入れないと、種として死滅するでしょう。繰り返します。あなたの課題はこういうことです。孤独を貫き自立した生き方にパワーを感じることと、柔らかさの中に身を置き人の想いを受け取る穏やかな動きとのあいだでバランスを取ることです。思い切って鷲に愛情を注ごうとする人もたくさんいます。けれどもそうするためには、その人も同じようなパワーを持っている必要があります。そう見えないかもしれませんが、柔らかさというのはとても強力なパワーです。

参加者：鷲にはビジョンがあり、明晰な思考があります。ビジョンの明晰さ、つまり未来への展望が明確であれば、自信のなさや怖れを克服できるのではないですか。それがバランスを取るということになりませんか。

バーソロミュー：何かを失うことを怖れている時は、とにかく飛び立ってください。文字どおり、鷲と一緒にできるだけ高く空に舞い上がってください。あなたは鷲のパワーを実に見事に描写しました。ですから自分の中に怖れや弱さを感じたら、対抗手段はただちに行動に移すことです。鷲に表される性質を持つ部分があなたの中にありますから、その部分を見つけ、ただちに、そのパワーを使ってください。弱気のままでいる代わりに、慎重に意図的に動き、自分がすでに知っていることをしてください。パワフルに飛び立ってください。私の言っていることがわかりますか。鷲のパワーを利用するために必要なのはただ一つ。そのパワーを感じることです。何かを新たに創り出す必要はありません。もうすでにそこにあります。ただそれを感じて、飛び立つのです。

＊＊＊

一年後、この参加者は味方に関する別のワークショップに参加した。味方となる動物とつながった後で、バーソロミューはまたその動物の性質について尋ねた。

英語版編集者

＊＊＊

参加者：私の味方は鷲のままです。そこで出てきた感覚は、飛行や自由、とにかく高いところにいる感覚です。鳥の中でももっとも高くまで飛び、もっとも遠くまで見ることができます。けれども今回は、自分が見ているものを大事に守りたいという気持ちも強いです。周囲の出来事や他の動物の動き、川や森を観察できます。守りたいと思っています。すべてをとても愛しています。

バーソロミュー：保護者としての役目は何ですか。

参加者：みんなの安全を図ることです。

バーソロミュー：どうやってですか。鷲にしかできないことが一つあります。たとえば、広大な空を悠々と飛び回る鷲が、谷底を走り回る小さなネズミをどうやって助けられますか。

参加者：ネズミが攻撃された時に助けてやれます。

バーソロミュー：それも一つの方法です。他には？

参加者：敵が近づいていることをネズミに教えられます。

バーソロミュー：そのとおり。鳥はコミュニケーションが得意です。考えやアイデアやメッセージを、一つの場所から別の場所へと運んでくれるのが鳥です。鳥は空高く飛んで、いろいろなものを見ます。そこで自分が何かを見た時に、自分が見たことに対して何らかの行動を取る責任が生まれます。鳥はその性質上、他者を助けたり守ったり警告を発したりせざるを得ないのです。

参加者：鷲は軽い鳥ではありません。私の言う〈軽い〉という意味は、スズメなどは軽い体をしていて、素早く動けるという意味です。鷲にはそれがありません。鷲は重い鳥です。

バーソロミュー：〈重い《ヘビー》〉というのは俗語での意味ですか。

参加者：はい。まじめな、という意味です。まじめな鳥です。飛行中に感じる喜びでさえ、どこか深刻さがあります。角張っていて、パワフルです。今度もまた、問題はいかに軽くなるかということです。そのために鷲ができることの一つは、眼下にいる他の動物たちが何をしているかを見て、自分もその仲間に入れてもらうことです。

バーソロミュー：どうやって？

参加者：たとえば、熊の子どもが遊んでいたら、それに反応して、楽しむことです。

バーソロミュー：つまり、鷲は目に見えるものをよく観察し、自分が必要とする性質を真似して自分のものとするという意味ですか。

参加者：はい。

バーソロミュー：すばらしい。

参加者：鷲は人間以外には怖いものがありません。鷲が人間を怖がるのは、人間は対決しないからです。人間は面と向かって鷲と対決しようとはしません。人間は鷲を殺したり、罠にかけたり、銃で撃ったりします。遠くから汚いやり方でやります。一対一で面と向かって対決するやり方ではありません。

バーソロミュー：これは、あなたの世界に置き換えると、どういう意味になりますか。あなたは人をどのように捉えていますか。どのような種類の人間と一番うまくやっていけますか。

参加者：自分のことに関して正直な人と一番うまくやっていけます。私と正直に接し、問題があれば正直にそれについて話す人と一番うまくやっていけます。必ずしも聞いて嬉しいことではなくても、それでも正直なほうがいいです。

バーソロミュー：では、どんなことがあなたを怒らせますか。

参加者：何か嘘をついていたり、よそよそしかったり、問題に直面しようとしない態度などです。

バーソロミュー：これは誰もが言うことではありませんね。必ずしもすべての人が対決する必要はないからです。だからこそ、私たちは規則を作るわけにはいかないのです。鳥族にはそれなりのパワーがあるので、「私には世の中がこう見える。したがって、世の中はこうあるべきだ」という傾向があります。鷲のやり方にはとてもついていけないと感じる人もたくさんいます。それは彼らのやり方ではないからです。鳥は多くのものを見渡す能力があるので、何か自分たちが

「それらすべてより上だ」と思いがちだという点を、鳥族は理解する必要があると思います。そこから傲慢さが生まれます。ですから、空高く舞い上がっている時に、このことを覚えていてください。そして楽しく飛び回ってください。

16　神話

もう一つ、シンボルに満ちた自己探求法として、神話がある。神話はギリシャ語で、〈ミソロイヤ〉といい、人間の集合的な夢という意味だ。ひとりの人間のテーマは他の人間の夢のテーマと同じだ。それは人間全体の夢であり、多種多彩ですばらしい。神話は超意識への道路地図だ。自分の内なる物語を探り、それを語るか書くかすると、驚くべき発見がある。何の評価もせず、自分の中にある物語に深く耳を傾けると、自身の内なる真理に驚嘆し、深く心を動かされるだろう。ではこれから各自のユニークな神話を体験する準備をしよう。

＊＊＊

夏。タオスでの味方に関するワークショップの第一日目。街の東にある小さな峡谷。周りはアスペンの木に囲まれている。近くには小川が流れ、小鳥がさえずり、太陽は照っているが、涼しい風が吹いてちらちら木陰を作り出し、すべてが揺れている。私たちは昼休みから戻ってきたばかり。お腹もふくれ、周りの景色も堪能した。バーソロミューは軽く咳をすると、やがて話しはじめた。

英語版編集者

＊＊＊

人間は生きていく中で、〈厚い皮〉とでもいうようなものを身につける傾向があります。これは興味深い考え方で、〈人生〉に傷つけられることにうんざりして、その結果、もう〈人生〉を自分の中に取り入れないようにするという態度です。けれども傷つけられないために支払う代価は高くつきます。なぜなら、それと同時に、人生は生気を失い、生きる喜びを感じることもなくなるからです。最後には、以前の人生にあった元気や感動や方向性をすべて失います。神話はそうした体験を活性化し、思い出させてくれ、再生化し、取り戻してくれます。神話には人を元気づけるパワーがあり、いのちがまたあなたの中をとうとうと流れるようにしてくれます。

人は誰でも心の奥深くに、その人だけのユニークな神話をもっています。各人の覚醒への苦闘の物語です。成功や失敗、笑いや涙、人生の拡張と収縮を網羅した、その人なりの旅物語です。この神話は、いわゆる人間の人生とは似ても似つかぬものです。それはまったく異なる意識の道理に基づいています。肉体が歩んできた道とはほとんど関係ありません。あなたの行動や体験、つまりこの物質界における人生は、あなたのいのちに実際に起きていることからすると、実に小さな部分にすぎません。

あなたという存在の中には、実に広大で深遠ですばらしい部分があって、それが、人間の目で見ることもできず、手で触ることもできない意識のレベルで創造に関わっています。あなたが人間としての体験をしているあいだに、同時に、そうした部分が大きく拡大し理解を深めています。あなたの中にあるこうした部分は、夢の世界や想像の世界、直感的に知る世界などを含んでいて、同時に、それ以上のものです。あなたは多次元の存在であり、そのほんの一部だけがこの地球界の肉体に投影されて、地球上での人生を体験しています。

そこで、神話の世界に入ると、特に自分自身の神話の世界に入ると、内面の世界に向かい、自分自身の物語を発見できます。その物語を書いたり語ったりすると、その内容に深い感動を覚えるようになります。その結果、自分の別の部分がすでに体験したことから、すばらしい学びを得ることができます。この物語というか神話は、あなたの想像の産物ではなく、意識を活性化する新たな道具として現れます。

人は自分のことを、さまざまな感情や考えをもって物事に反応する肉体にすぎず、この怖れに満ち混沌とした世界の中で過去から未来まで直線的に動いていると思いがちです。自分自身の神話を書いてみると、自分の優れた能力や知恵を直接的に実感することができます。助けや励まし、警告やインスピレーションなどが存在する次元へアクセスできる部分を呼び出すことができます。自分の神話に登場する人物や生き物の、葛藤や冒険を自分のものとして感じます。そしてこのプロセスを通して、新しいアイデアや解決法、そして可能性があなたに示されます。

人間の中には、人生の次の出来事を常に創造している部分があります。あなた自身の神話を利用することで、その創造のプロセスにもっと密接に参画できます。たとえば、朝、自分の神話の次の章を思いついたとします。すると、その日の午後になって、その出来事が実際に起きるかもしれません。朝、書き出した内容に沿って行動している自分がいるかもしれません。以前と同じ状況なのに、今度はまったく違った反応ができるかもしれません。というのも、神話の登場人物が同じような状況で別の解決法を見つけたからです。

あなた方はそれぞれ人生で何らかの未解決の問題を抱えていると仮定しましょう。過去にそれを解決しようとしたが、うまくいかなかったと仮定します。たとえば、人間関係の問題はどうでしょう。誰かとの関係が、攻撃と反撃の反復パターンに陥って、そこから抜け出せないでいるとします。これまでどんな解決法も見つかりませんでした。早朝の静けさの中で、または夜の暗闇の中で、ペンと紙を用意して、実際の関係をそのまま記述するのではなく、その関係を意識のどこかに軽く置きながら、物語を作ってください。主人公についての神話を書き出してください。その人に何が起きたのか、どのように解決し、どのように勝利が勝ち取られたのか。個人的な神話を書く方法を使って、問題を解決できます。身動き取れない古い筋書きに対して、広い視野や深い理解を含む新しい創造性を吹き込むのです。相手と同じ言い争いを繰り返し、あなたが相手に勝とうとするように、相手もあなたに負けまいとする――そんなパターンを完全に捨てましょう。その代わりに、解決法が存在する次元に意識を拡大し、神話の形で解決法を見つけましょう。神話は長い必要はありません。単にあなたの意識の別の部分にアクセスして、実際的な情報をもたらす機会を与えてくれるだけです。

人間の意識には集合意識があり、誰でもそこにアクセスできます。人間が体験できるドラマは限られていて、それは人類に共通しています。人間の問題は、実に多くの人たちによって何度も解決されてきました。そうした勝利の物語は誰でも知ることができます。あなたは〝大いなる全体〟の一部であり、〝大いなる全体〟が一度でも体験した知恵は誰でも知ることができます。

次のエクササイズは、人類の知恵にアクセスできるテクニックの一つで、必要な瞬間にすぐに使えます。

自分の神話を書く

では、これから神話を書く練習をしましょう。やり方は簡単です。静かに座って、目を閉じ、息が出たり入ったりするのに意識を向けてください。雑念を体の下の地面に流し出しましょう。じっと座って、呼吸に合わせて胸が上下に動くのを感じましょう。その他の部分はただ静かにしていてください。それから、何も考えず、何も計画しないで、ペンを手に取り、次のように書き出してください。

「主人公の名前は◯◯です」

そこに名前を入れてください。自分の名前でなくてもかまいません。そのあとに続けて書いてください。

「目が覚めたら◯◯に座っていました」（部屋でも谷でも城でも車でもいいです。宇宙船でも鳥でも象の背中でもいいです）。

「目を開けたら、目の前に◯◯が見えました」（思いついたまま、何でもいいです）。

何も考えずに、話を進めてください。話を進めるにあたって考慮してほしいのは次の点です。どんな場所か、誰がいるか、どんな地形か、動物、聞こえる音、そして一番大事なのは主人公がどんな気持ちでいるか、です。

そして、**「主人公は苦しんでいます。その理由は◯◯です」**と続けましょう。主人公の気持ちを自分も感じるようにしてください。そして神話自体が自然に話を作っていくようにしてください。

自分には神話なんて書けないと思い込まないでください。ここで書く神話は出版するためではありません。あくまでも自分の心の解放のためです。あなた方は誰でも話すことができます。ですから誰でも書くことができます。文章は話していることを紙に書いたものにすぎません。神話の主人公として、一つの出来事から次の出来事へと旅を続けてください。予期せぬ出来事が次から次へと自然に起こります。さまざまな人間に会ったり、いろいろな現象に出くわしたりします。それは想像力や魔法やファンタジーの世界です。ですから、魔法や超能力や奇跡的な出来事、一瞬にして物事が理解できたり、人が奇跡的に心を開いたりするような話を、自由自在に書いてください。魔法のようなすばらしい神話を書きましょう。人間の意識は、神話を書くというような作業を通して、奇跡は常に存在するということ、いのちそのものが最大の奇跡だということを思い出します。

ここで紹介するのは、以前のワークショップの参加者で、味方の動物を神話にも取り入れた人である。この神話は一年後に文章として提出されたもので、そのままここに掲載する。

英語版編集者

＊＊＊

神話『風の王』

風の王は、ある嵐の日、自分が誰かもわからずに生まれた。彼の卵は暴風に揺さぶられ、一番高い崖の一番高い木の上にあった巣から谷底へと吹き飛ばされた。谷川にポチャンと落ち、川に突き出していた小さな砂地まで流されていった。そして嵐が最高潮に達し、雷鳴がとどろき、青白い稲妻が走った瞬間、卵は割れた。中にいた生き物は、びしょ濡れになって不安に怯えながら、目を何度もぱちくりさせて、雨宿りの場所を探した。稲妻に目がくらみ、雷鳴に驚いて、土手を思わず駆け上がった。そこには灌木の茂みがあって、垂れ下がった枝の下には甘い香りの草が生えていた。彼はすぐに眠りに落ちた。

目を覚ますと、目の真ん前に大きな白いアヒルがいて、自分の巣への闖入者《ちんにゅう》はいったいどこの誰で、どこから来たのか知りたがった。その生き物は自分の短い記憶をたどっても、自分がいったい誰なのかわからないと言った。それにはアヒルもびっくりして、よくよく新参者を調べてみたが、アヒルにもやっぱりわからなかった。鼻はとがりすぎているし、足は大きすぎる。眼が鋭すぎて、なんだか不安にさせる。そう結論を出したアヒルは川に戻り、水に入って、どこかに泳いでいった。小さな生き物は一人残されて、そのことを考えてみた。まったくの一人ぼっちになって、小さな生き物は自分が誰かを見つけるのは容易ではないことを悟り、意気消沈した。温かい太陽の日射しや心地よい水音に誘われて、生き物はよろよろと川岸へ戻った。水をごくごくと飲むと、元気が出て、旅に出ることにした。あちこちよろけながら、川上へと歩き出した。足元を見ると、彼の足には大きくて鋭い爪があった。泳ぐには不向きだったし、歩くのにも不便だった。

バランスを崩さないように充分注意しながらゆっくりと歩いた。すると突然、アスペンの若木が大きな音を立てて目の前に倒れてきた。太ったビーバーがサッと横を通り過ぎて、近くの枝をムシャムシャかじりだした。足元を隠し、できるだけ優しい目つきになるようにして、丁寧な口調で、その生き物はビーバーに自分が誰か知っていないか尋ねた。ビーバーはちょっと手を休めて、彼をちらっと見ると、前歯は強そうだが、前足はまるで役に立たない代物だと言った。お前はビーバーじゃないし、今まで見たことのある森の動物でもないと言った。その生き物は、自分の脇腹にぶら下がっている毛羽の生えた小さな物を見ると、確かにビーバーの言うとおりだと納得してため息をついた。それで物を掴むことも持つこともできない。いったいどんな役に立つのやら、考えつかなかった。ビーバーにお礼を言って、旅を続けた。

そのようにして時は過ぎた。季節が巡り、また巡った。その生き物は答えを求めて彷徨しつづけた。彼にも変化が起きた。視力が増し、視点を定めるのが上手になった。足はもはや体に比較して大きすぎはしない。体は強靭で、金色がかった茶色の羽で覆われていた。脇腹にあった毛羽のついた小さなものは、今や地面に届くほど成長した。それに躓《つまず》かないで歩くことも覚えたし、寒い夜には背中のほうに持ち上げて体を温めた。

周りの土地も変化した。南へ下るにつれて、森や谷間の草原が消えて、一面の草原地帯となり、節くれだった小さな木が所々に生えていた。赤い岩のゴロゴロした大地からはメサ（卓状台地）がニョキッと突き出ていて、澄み渡った濃い青空には、雲が絶え間なく形を変えながら流れていた。風が彼の友となり、旅の道連れとなった。そっと囁くこともあれば、大声で怒鳴ることもあった。けれども、彼が風に注意を向けるといつでも、風は彼の心を落ち着かせてくれるのだった。

生き物は答えを探すのは無理かもしれないと思い始めた。しかし、また決心しなおすのだった。この旅の途中で実にたくさんの動物に出会った。彼のことを笑うものもいれば、親切なものもいた。もうあきらめろと囁くものもいた。実にさまざまだった。それに対し、彼はいつも礼儀正しく接し、できればいつも手助けをした。つらさや寂しさは自分の胸にしまい、どこにも長くはとどまらなかった。旅を続けるうちに、彼の決心はいよいよ固くなった。そしていつしか、つらいことも楽しいこともある人生を、それはそれで受け入れるようになった。

偶然にも、それは生まれてちょうど三年目の日だった。嵐が激しくなってきて、生き物はまたもや雨宿りの場所を探していた。空は黒雲に覆われ、荒れ狂っていた。風がうなり、横殴りの雨がメサに叩きつけられていた。メサには隠れる場所もなく、生き物はそこから逃げようもなかった。ほんの少し雨宿りできそうな場所といえば、崖の端からあまり離れていない地面にある小さなくぼみだけだった。そこになんとか入り込むと、脇のものを背中に持ち上げて自分を守った。嵐が止むまでそこで待つつもりだった。気温が下がり、雨がみぞれに変わった。次から次へと稲妻が走り、そのたびに、みぞれが青白く光った。生き物は凍えていた。息をするのもつらく、吸うたびに胸が痛んだ。眼も凍って閉じたままだった。彼は深い悲しみに襲われた。死が間近に感じられた。探求の旅もこれで終わりだ。友達の風に最後のお別れを言おうと顔を上げた。その瞬間、雷鳴がとどろき、ピカッと稲妻が走ったので、彼はびっくり仰天した。耳をつんざく音だった。すると、あっという間に風に持ち上げられ、崖の隠れ家から吹き飛ばされた。激しい嵐は彼を突き落とす代わりに空に押し上げた。抵抗したが無駄だった。一声鳴くと、彼は戦うのをあきらめた。もうくたくたに疲れていて、黒雲のあいだを高く高く昇っていった。黒雲を通り抜けると、そこは全くの別世界だった。

そこには永遠と思えるほどの静寂があった。濃い青色の空を背景に金色の光が輝いていた。生き物はその美しさに感動して胸が張り裂けそうだった。もう自分の体も痛みもどうでもよかった。風が彼の体をひっくり返した。すると突然、それまで無用の代物だと思っていた脇のものがパッと広がった。なんということか、体が舞い上がっていく。黄金色の二つの翼が彼の体を支えていた。そして風が、彼らの始まりの物語を歌うように語った。その歓喜の瞬間、彼は自分が誰であるかを悟った。彼は「アクィラ（訳注：ラテン語で鷲）」という名で知られていたが、風の王だった。

その日は黄金の空を舞い上がったり、旋回したり、急降下したりして過ごした。日が暮れるころまでに、翼に関することはすべて学び終え、雲を通り抜けて、自分が生まれた谷の上までやって来た。谷間の上を気流に乗って優雅に飛びながら、動物たちの名前を一匹ずつ呼んだ。前からみな知っていた。動物たちは彼の声を聞きつけると、新しく生まれたアクィラを一目見ようとやってきた。動物たちに囲まれて、彼の胸は愛ではち切れそうだった。風の王がそこにいた。

＊＊＊

バーソロミュー：まだ鷲のままなのですか。

参加者：まだ鷲のままです。

バーソロミュー：今回はどんな性質を発見したのですか。

参加者：険しい、妥協しない、疲れを知らない、よそよそしい、孤独、勇敢さなどです。私にとって鷲は飛ぶ自由を表し、鋭い視力で遠くまで見通せます。保護者でもあり、忠誠心が厚く、仲間を守ります。

バーソロミュー：それは自分を描写する言葉でもありますか。

参加者：そうだといいですが。そうだと思います。

バーソロミュー：この神話の主人公の性格の中で、今挙げたもののほかに、あったらよいなと思う性質がありますか。

参加者：いいえ、特には。

バーソロミュー：私がこの点を持ち出すのは、多くの人が同じ問題を抱えているからです。人は苦しむことにかけてはお手の物です。けれども、喜びにあふれた人生を生きるとなると、あまりわかっていません。この参加者の神話に欠けていると思われるのは、この話全体に備わる、この上ない至福の感覚です。旅路の至福感、飛ぶことの至福、それらすべての至福の感覚を引き出す必要があります。これを話の中にどのように盛り込めばよいでしょうか。こうした性質を手に入れるために、あなたの鳥は何をすればよいでしょうか。またはどこに行けばよいでしょうか。

参加者：この鳥は自分が何か知りませんでした。崖から飛ばされるまで、自分が何なのかわかりませんでした。自分が死ぬとわかっていました。それでこれまで会った動物たちをみんな思い出し、これまで起きたこともみんなすばらしかったと回顧しました。そのあと、無意識に翼を広げ、飛んだのです。飛ぶことがいかに簡単かと気づき、そこでやっと自分が何者か理解したのです。動物たちもまた、それを理解しました。そこで彼が動物たちの上を飛ぶと、動物たちはとても喜びました。この神話を通して私が学んだのは、すべてのものをありのままに受け入れた時に、そこには優雅さと威厳が生まれるということです。

バーソロミュー：まだ先ほどの質問の答えが出ていませんが。どうやってそれを手に入れますか。

参加者：彼は飛びました。

バーソロミュー：どのように？

参加者：彼は翼を広げて飛びました。

バーソロミュー：そうなんです。

参加者：では、喜びは、鷲が自分が何であるか、何ができるかを悟ったことから生まれるのですね。

バーソロミュー：まさにそのとおり。そのことはあなたとどのように関係がありますか。あなたは何をすべきなのでしょうか。

参加者：飛ぶことですか。自分がなるべきものになることですか。自分に喜びを与えることをすること。そして次に、自分の周りの人々に喜びを与えることでしょうか。

バーソロミュー：あなたの神話の中では、飛ぶ前と飛んだ後で、鳥そのものに何か基本的な違いがありましたか。同じ鳥でしたか。飛ぶことによって、その鳥の鳥らしさとでもいうようなものに何か変化がありましたか。

参加者：唯一の違いは、自分が何者なのかを知ったという点です。

バーソロミュー：まさにそのとおりです。私が言わんとしていることがわかりますか。よく考えてください。人は誰でも、その全体性の一部として、〈神話の作り手〉を自分の中に持っています。それはあなたと共同作業に着手するのを待っています。この友人の力を借りる最上の方法は、常に呼びかけることです。

毎日、心を静める時間を持ち、神話の作り手に向かって、真理の次の章、次のページを見せてくれと頼んでください。そこにある愛やユーモアや明晰さや知恵を味わわせてほしいと頼んでください。これを定期的に続けると、神話の作り手が積極的に生き生きと活動しはじめ、そのパワーを瞬間的に使えるようになります。人生の新しいビジョンがはっきり見えてきて、以前よりも力強く、幅が広がり、物事が明確に理解できるようになり、何よりも、生き生きとしてきます。

第4部

質疑応答

バーソロミューは時に質疑応答の時間を設けることがある。次の質疑応答は、過去一年半にわたって、ニューヨークやデトロイト、アルバカーキで行われたワークショップから抜粋したものである。霊性や肉体、人間関係に関する問題で一般性があると思われるものが選ばれた。

＊＊＊

私たちは間違いを犯しますか。

単刀直入な質問が気に入りました。単に、ノーと答えることもできますが、例を使って、大きな観点からみていきましょう。

ある地点から別の地点へと飛行機で飛ぶ場合、飛行コースからまったく外れないということはほとんどありません。飛行機は常にコースから少しずれており、パイロットは常時、微調整をしています。けれども最終的には、ほとんどの場合、行くべき地点に正確に到着します。地球界における旅路もそのようなものだと考えてください。

それより先へ行ってはならない境界線も、確かにあります。それがここでの質問だと思います。質問の深い意味は次のようなことではありませんか。

「人は人生で何をしてもよいのでしょうか」

いいえ、何をしてもいいわけではありません。超えてはいけない境界線があります。その境界線の範囲内で、一定の動きが起こります。パイロットと同様、あなたも自分の中で調整をして楽しむことができます。ですから、どうか間違いと考えるのではなく、調整と考えてください。

たとえば、友人との関係で問題が起きたとします。その結果、友情を失います。失ったことを嘆くのではなく、その原因となった行動を分析してください。同じ行動を繰り返さないように気をつけ、それをコンパスとして、コースの修正を行ってください。こうすると、間違いはないといえます。

人は常に一つの出来事から次の出来事へと楽しく動いていきます。そうしてさまざまな体験をし、最後には目的地に到着することを保証されています。必ず目的地に着きます。それを見逃すことはあり得ません。軌道はあらかじめ定められています。私の知るかぎり、そうです。〃大いなる故郷〃への軌道、〃大いなる源〃へ還る道は、すでに定められています。あなたが探しているものを見逃すことはあり得ません。ただ、そこに行くまでのあいだ、調整をしつづける必要があるということを受け入れてください。その際に、なるべくゴタゴタを減らし、できるだけユーモアの精神で調整してください。

＊

〈境界線〉という言葉の意味を、もう少し詳しく説明してください。

「一定の境界線を越えることはできない」と言いました。けれどもここで理解してほしいのは、人生を生きる境界線の範囲を設定したのは、人間のエゴではないということです。もしそうだったら、人間はずっと昔に殺し合って絶滅していたことでしょう。エゴは怒ると、「お前なんか死んでしまえばいい」とか「死んでしまえ」とか言います。だからといって、人はそんなことでめったに死にはしません。この例からいうと、エゴが境界線を設定しないことは明白です。なぜなら誰も死んでいないからです。

では誰が設定するのでしょうか。〝深奥の自己〟がします。あなたに特有の人生計画と、その計画を達成するのに何が必要かを理解したうえで、境界線が設定されます。ですから絶対的な規則はありません。人によって違います。状況によっても違うので、そのために混乱が起きます。規則によって境界線が決まると思っている人は、万人共通の規則を望みます。

けれども、答えは人それぞれです。自分が心地よいと感じる境界線がありますね。たとえば、脱税は別に悪くないという人がいます。それに対し、あなたは、「うーん、どうかな。俺はどうもそういうことは嫌だなあ」と言います。けれども今度は、銀行で慌てている窓口係がお釣りを間違えて、一ドル札の代わりに十ドル札をくれたとします。あなたはそれを黙って受け取るかもしれません。わかりますか。あなた自身の境界線があるのです。居心地悪く感じたら、自分の境界線を越えようとしているのだと自分でわかります。

何だか落ち着かない気持ちになることをする時、人はそのことを話したがりません。周りに知られたくないと思います。自分にとって影響力のある人には特に、自分のしたことを知られたくないと思います。こうした気持ちになる時、それはあなたが自分の境界線を越えたという合図です。状況を分析し責任ある行動を取るために、こうした感覚を利用してください。自分の境界線を目で見て、知ってください。難しくはありません。注意を払えばいいことです。

＊

「これが絶対真理だと信じる」という段階から「これが真理だと私にはわかっている」という段階へと、人はどのように移行するのでしょうか。

神が存在し人生には目的があるというのが本当であってほしいという心境から、あらゆるものには意味があるのだと確信できるようになるにはどのようにすればいいですか。

あなたが尋ねているような人生を送ることは、一生かけて努力することです。開かれた意識をもつことは、日々の絶え間ない努力を要します。人は常に新しい材料を受け取っていると自覚し、昔のパターンが戻ってきて、意識がまた閉じたりしないように絶えず気をつけていなければいけません。

主な解決法は次のことだと思います。毎日、自分の心の中で何が起きているか、周りに対して自分がどのように反応しているか、できるだけのやり方で気づくことです。

神が存在するとしたら、神はあなたが実感できるものであるはずです。神とは、日曜日に本で読む知識であってはなりません。自分の中でいつでも実感できる体験的知識でなくてはなりません。神は必要な時にはいつでも実感でき、「ああ、ありがたい」と思えるものとしてあるべきです。けれども人間の心はこう言います。

「もし本当にそうだとしたら、神は自分の中にいると、なぜ私には感じられないのだろうか」

「神のパワーが自分の中に脈打っていると、なぜ私は感じられないのだろうか」

その答えは簡単です。あなたの耳には地球界の雑音があまりにもたくさん聞こえているからです。自分の内面にある神の声が聞こえません。周りに注意を払いながら用心深く生きるように、人々は教え込まれてきました。自分の外側で何が起きているかを知っておくためです。人は安全を確保するためにそうします。ところが突然、今度は方向を変えて、自分の内面で起きていることを理解しなければならなくなりました。プロセスを逆にする必要があります。急加速している車に乗っていたのに、今度は減速しようとするようなものです。少し時間がかかります。

人は気のおもむくままに生きてはいません。毎日、今日は何がしたいか、何をしなければいけないか、と考えてはいません。なぜなら毎日の日課が決まっていて、毎週、毎月することが計画されており、時には数年も前から決まっているからです。たとえば、ある朝起きたら、今日は外界を遮断して、じっと家にいて静かに心を落ち着かせて過ごしたいと思うかもしれません。けれどもその日にすることがすでに決まっており、自分一人の都合では変えられません。ですから、その時の気分に従って家にいる代わりに、出かけます。

気ままな生活というのは、シンプルな生活です。自分が送るべき人生の範疇で、物事をできるだけシンプルにとどめるということです。あなたはすでにとても忙しい生活を送っていますので、それ以上忙しさを加える必要はありません。直感に従う生き方をするには、あなたなりのやり方でできるだけシンプルに生きようと思わなければなりません。日々の生活の中で、どのようなやり方でもいいですから、神を見ようとし、神の声を聴こうとしてください。こうあってほしいと思うことに意識を向けてください。

何らかの形での希望や祈りが、覚者を支えてきました。覚者は何年ものあいだ祈り、希望を持ちつづけました。するとある日突然、それを実感したのです。そこにあることさえ知らなかった、ある一線をその時越えたのです。けれどもそこで、やめたわけではありません。〈神と共に在る人生〉を生きるには、毎瞬毎瞬、それを探す必要があります。日によって、こちらを探したりあちらを探したりするでしょう。神を実感する可能性に意識を向けていてください。それが、あなたが求めているものです。

次のように尋ねてください。

「神はいるのだろうか。神はいないのだろうか。これは本物だろうか。これは偽物だろうか。自分は騙されているのだろうか。私は本当に神のパワーの手中にいるのだろうか。何が真理なのか」

　本当に心から知りたいと望むなら、あなたが求める知識への道が開けてきます。今言えるのはそれだけです。

　心の深いところに、すべてを知っている部分があります。それを信頼してください。見つけるべきものがそこにちゃんとあります。空想の産物ではありません。**確かに実在します。**直感に従った生き方をしてください。そうなるにつれて、あなたの心は静まり、あなたは前より生き生きとし、自然と進むべき道が示されます。公式のようなものはありません。そんなものはかつてなかったし、これからもありません。その日その日を精いっぱい生きるだけです。その道を一歩ずつ歩くだけです。

＊

「安全であること」「気のおもむくままに生きる」「今に生きる」などという概念に関して、頭が混乱しています。その原因は、紀元二〇〇〇年の終末に関する情報です。地球の危機が予測されており、その準備として今からできることがいくつかあるといわれています。そうした情報がな

ぜ私のところに来たのでしょうか。明日のこともよくわからないというのに、なぜ二〇〇〇年のために今から準備しなければいけないのでしょうか。

基本的にその答えはシンプルです。あなたはすでに自分で答えています。けれどもあなたが言っていることを、ここでおさらいしましょう。

未来に関する決断をする場合に人ができる唯一のことは、現在のこの瞬間にいて、「今この瞬間において二〇〇〇年に向けて準備するのは適切だろうか」と自問することです。そうだという気がするなら、できるだけの愛と情熱とユーモア精神を持って実行してください。「ノー」という気がしたら、しないでください。今この瞬間からずれてしまったら、「そうかもしれないが、そうじゃないかもしれない」と頭が言います。そして今度は他の人の意見を聞いたりして、ますます混乱します。イエスという人もいれば、ノーという人もいます。そして振り出しに戻ってしまいます。

その奥にある深い問いかけは、こういうことです。「人間は日々、一瞬一瞬、何をよりどころに決断をすればよいのだろうか」

あなたには自分というものがあります。それだけです。日々のあらゆる瞬間に自分にとって最高最善のものを見つけるには、〝大いなる自己〟を探求する必要があります。勘違いしないでください。あなたにとって最高最善のものは、世の中のすべての人にとっても最高最善のものです。

それが何かを見つけるには、自分の**動機を検討する**必要があります。人生の悩みから逃げようとしていますか。そして正直に検討しなければいけません。自分だけが得したいと思っていますか。それともできるだけ多くの人に調和と安全と安定をもたらしたいと思っていますか。過去に自分一人が得するようなことをしたからといって、自分を厳しく非難したりしないでください。ただ、そうした**行動に責任をもってください**。

人はものごとには〈正しいやり方〉があると信じています。けれども同時に、自分は目隠しされて手探りで生きているとも感じています。人間に目隠しをさせ、この世に突き出して、「さあ、やってみろ」という神は、なんてひどい神でしょう。けれども実際はそうではありません。何の道具もなしに、この人間界にやって来たのではないことを思い出してください。泊りがけのキャンプに行くのに、何の装具も持たずに行く人はいないでしょう。まずキャンプ場の近くまで行くためにトレーラーかトラックを使います。そこから最終目的地まで、装具を自分で運びます。ただの一泊旅行でさえ、そうです。だとしたら、自分がどこへ向かっているのか見つけるための道具もなしに、人生の旅へと出発すると本気で信じますか。絶対に、ノーです。人はそれほど愚かではありません。内面深くにある直感はそうした偉大な道具の一つです。ですから使ってください。どうか心配しないでください。そうするのがふさわしいと感じ、動機が明確で、ワクワクするのであれば、実行してください。

自分が頼れるのは自分の中にあるものだけです。**そしてそれで充分です。**自分を信頼しはじめてください。そうでなければ、いつも人の意見に左右されてしまいます。あなた自身の中にある〝大いなる自己〟以外に信頼できる筋はありません。約束します。それを求めると、答えが得られます。

＊

バーソロミューが言った「いのちがあなたを生かしている」という言葉に引っかかっています。その意味を説明していただけませんか。

人は、自分とは地球上を走り回っている肉体であり、この地球は混沌《こんとん》に満ちていて、知らないあいだに他の人間や出来事が自分を動かしていると考えています。人間はこのような世界観から抜け出せないでいます。ですから、人間の中にはすばらしいエネルギーの渦が常に動いており、それによって生かされているのだと、何度も繰り返し言葉で伝えて、思い出してもらわなければならないのです。そのエネルギーを、私たちは〈いのち〉と呼んでいます。

そのことについて深く考えたなら、不安が減ります。というのも、本当のところ、人は自分で自分にいのちを与えることはできないことは知っています。自分の力で心臓を動かしつづけたり、呼吸しつづけたりすることはできないと人は知っています。それを知っていながら、当然のことと思っています。何らかのパワーなり神なりエネルギーの渦なりが自分の中に入ってきて、自分を動かし、人生のすべてがそこで営まれる——それがどんなにすばらしいことかということを忘れています。

したがって、〝大いなるいのち〟または〝神〟、〝聖なるもの〟または〝大いなる光〟があらゆる瞬間にあなたを生かしています。あなたが引っかかっているのは、自分の力で何とかこの人生を生きていかなければならないという狭い考え方のせいです。頭で考えるのをやめて、心で感じるようにすると、すばらしい体験をするようになるでしょう。神とは概念ではありません。神は考えではありません。**神とは感覚なのです。**自分の内側から沸き起こって、一瞬ごとにあなたを動かしていく感覚です。

〝聖なるもの〟の感覚は、常にあなたの中で動いています。姿を現すように頼みつづけてください。偉大な覚者の多くは、悟りを開く前に、神の真理が姿を現すように懇願して回りました。あなたにとってもそのプロセスは同じです。〝大いなるいのち〟に生かされているのだとしたら、神が存在するのであれば、それを感じたいと思いませんか。頼みつづけてください。そうしたいと願いつづければつづけるほど、実現しやすくなります。静かにしている時や座っている時にだけ頼みなさいと言っているのではありません。〝大いなるいのち〟がもたらした状況の中で動いている時、いついかなる時にも、という意味です。そして耳を傾け、反応を待ってください。

頭が混乱しているとしたら、それは雑念がうるさくて、聞いたり感じたりできないからです。

ですから思考を止めて、期待する心境になってください。切望する心境になりましょう。疑いや怒りの心境でもまだましです。とにかく頭で考えるのを止めて、心で感じてください。どんな感情でも、とにかくその感情をじっと味わっていると、〈底〉が抜け落ちて、〈感覚〉だけを感じるようになります。そうした感覚が神なのです。神が実在し、誰か一人でも神意識を体験できたのだとしたら、**誰でもそうできるのではないですか**。

人間の肉体はそのままで神のパワーを受信できる、すばらしい受信機です。ですからどうかそれに意識を向けつづけてください。「いのちが自分を生かしている」とはどういう意味か、尋ねてください。毎日尋ねてください。そうすればそうするほど、答えが得られます。尋ねなければ、何も起こりません。

＊

バーソロミューは「人生に規則はない」とよく言いますね。人生に規則がないのであれば、いったいどのような規範の下で私は生きていけばよいのでしょうか。

この地球界に初めて生まれ落ちた時から、あなたの中には〝深奥の自己〟というものがあって、あなたの体験をすべて記録し、評価し、除去したり大切に保管したりしてきました。輪廻転生を繰り返すなかで、あなたの〝魂〟は自然の法則に沿う真の体験を保存してきました。それ以外の体験は生まれては消え去りました。さまざまな転生を繰り返すなかで、それが〝自然の法〟、または〝神の法〟に則《のっと》るものだと、体験を通して学んだことは魂の奥に保存してきました。

自分の内面の法則に則ったことをしている時は、他の人からいちいち言われなくてもわかります。隣人を殺すのがよくないと知るのに、多数決で決める必要はありません。あなたの中には、驚くべき数にのぼる〈正しい行動〉の記録があります。人から言われて正しいとしたのではなく、〈誤った行動〉を過去にした結果、それが不調和をもたらすと学んだからです。このことをもっとも深いレベルで理解した瞬間に、〈誤った行動〉体験は脇に捨ておかれます。そして正しい行**動があなたの人生の規範となります**。あなたは人間としてのあらゆる体験をしてきたし、今またそうしているのだと教えられました。こうした言葉を聞くと、ほとんどの人は自分が何か悪いことをしたとか、〈悪い人間〉だったなどと考えがちです。そこでお願いしたいのは、人はすばらしい人間でもあったことを覚えていてほしいということです。〈善い人間〉でもあったのです。一つの人生を生きるたびに、人は膨大な種類の行動を通して、そこから学びました。そのなかから、創造界のどこに行っても調和をもたらすような体験を、人は自分の中に保存しておきます。

この人生を終えて別の意識領域に移行する場合、他の人間や意識に対して少しでも有害なものは持っていくことができません。それが本当に理解できた時に、人はそうした体験を捨て去ります。あなたが持っていくものは、それまでに集めた無害な考えや感情や行動です。それは些細なことかもしれないし、重大なことかもしれません。どちらにしろ、何世紀にもわたってあなたが集めてきた体験は、膨大な量にのぼります。

調和のとれた正しい行動とはどんな感じがするか、人は知っています。ちゃんとわかっています。それがわからなくなるのは、自分の外側に答えを求めて、何が〈正しい〉かを人に教えてもらおうとする時です。人はそれぞれ異なる段階で学んでいることを覚えていてください。自分がまだ理解できていない分野では、人は否定的な行動をとります。そしてあなたがまだ知らない真理をすでに体験した人もいます。ですから人を裁かないでください。人は誰も他の人間の魂の奥深くまでは見通せないし、そこに何があるかもわかりません。だから他人を裁くことはできません。

人は皆、異なる出来事を体験しています。ではどうすれば、規則と正しい行動との違いがわかるのでしょうか。自分の人生に注意を払ってください。何か問題が起きた時、立ち止まって観察してください。充分な時間をかけて、深い内面から生じる決断をしてください。問題をありのままに見つめ、それに関わる人たちをありのままに見つめ、その状況を全体的にありのままに観察しましょう。

直感的にいくつかの反応が生じます。そうした自分の反応の中から、どれが人を傷つけず、どれが自分の内面の規範と調和するか、わかります。そこからが難しいところです。自分の内面からくる答えに従って行動する勇気があるかないか、です。ここで、それを会得できたかどうかが決まります。

あなたの内面には驚くほどの量のすばらしい叡智が蓄えられており、いつでも利用できます。そこにあります。まるで鏡のようにあなたの神性を反映してくれます。その神性は他の部分と切り離されているわけではありません。その神聖なる部分に深く沈潜し、〝深奥の自己〟に注意を払うだけで、自分の選択肢はシンプルなものであることに気づくでしょう。すると、どうすればよいかわかります。何も不思議なことではありません。物事を複雑に考えれば考えるほど、自然で率直な答えから遠ざかります。

＊

どうすれば心の平安が得られますか。

私の知っている限り、人間が心の平安を得られる唯一の道は、「神は天国に在り、私の世界はあるべくしてある」と心の奥深くで納得することです。どんなに状況がひどく見えようとも、あらゆる瞬間においてすべてはあるべくしてあるという感覚です。この感覚があると、変わったことやすばらしいことをする勇気が出ます。悲観的な考えが頭をもたげて、「そんなことはできっこない」と言っても、できてしまいます。自分の中に勇者が生まれます。新しい大胆な考えが浮かんだり、まったく新しい道を選んだり、今までとは違う反応が出てきて自分でも驚いたりします。新しい自分になった気がします。

人間には、人から好かれたいという非常に強い欲求があります。これは批判ではありません。人から好かれると、生きやすくなります。けれども勇者となり、自分の直感を信頼するようになると、面白いことが起こります。周りの友人たちはあなたの深まっていく意識に反応するか、あなたのことをおかしくなったと思って離れていきます。あなたの人生から去っていきます。どちらの場合でも、あなたには調和と平和が訪れます。

ではどのようにしたら、この「すべてはこれで良し」という深い感覚を得られるのでしょうか。心の平安を得られるのでしょうか。

どんな望みをかなえる時も同じですが、まず自分の意図を明確に述べます。一日に百回、自分に言ってください。

「私は心の平安がほしい。今、それを心で感じたい。他のことはどうでもいい。正しいと思われなくてもいい。人に理解されなくてもいい。とにかく心の平安が欲しい。それも今、欲しい」

その後で、外の世界に向けていた意識を内側に向けます。心の平安が宿る場所に意識を向け、それを感じるようにします。それはいつもそこにあります。あなたが平安のパワーにいのちを与え、それを大波のごとく活性化するのを待っています。プロセスはシンプルです。ただし、それ以外の欲求をすべて捨てて、その内面の場所に繰り返し何度も何度も行く必要があります。どうしてもそれが欲しかったら、実践できます。

＊

祈りは私にとって重要な生活の一部になりました。けれども祈りの仕方もいろいろあり、また多くの人が違った祈り方を勧めてきます。祈りについて話してください。

第一に、どんな方法でもいいですから祈ってください。正しくても間違ってもいいですから、とにかく祈ってください。

第二に、祈りの目的は休まずに祈ることです。自分なりのやり方で常に祈ることです。祈りが生活の一部となるように。

非常に簡単に言うと、祈りとは自分の意識を内側に向け、今この瞬間にすでに存在する高い波動とつながることです。これはすればするほど、波動が強まります。こういう理由から、人が何のために祈るかとか、どのように祈るかは、私は問題にしません。祈りの行為を通して、人は波動を強化し高めます。やがて、一時間も祈らないままでいると居心地悪く感じるようになります。いつの間にか、あらゆる瞬間において、周りで何が起きていようとも、自分のどこかが常に神に顔を向けているような生活が、何よりも大切だと感じるようになります。こういう状態になったら、休むことなく祈る領域に達したといえます。

悟りを開く前に、やがていずれ、誰もが〝聖なるもの〟に常に顔を向けて生きる方法を学ばなければなりません。祈りは確かにその方法の一つです。

そこであなたの質問に答えますが、〈良い〉祈りと〈悪い〉祈りの唯一の違いは、心で祈っているか、頭で祈っているかだけです。心で祈っていれば、波動を感じることができます。頭で考えたことをただ暗唱しているとしたら、あまり何も起きていません。けれども規則はありません。

自分の内側で何か**感じる**ようなことをしてください。どういうことかというと、自分の内側に入っていって、その場所から祈るということです。あなたは心も体も魂も反応するような対話を〝聖なるもの〟としたいでしょう。そしてそれを感じるのは胸のあたりです。人が心とかハートと呼ぶ部分です。イエスが心臓を開き、それが光に囲まれている宗教画があるのはなぜだと思いますか。なぜならそこに、感覚があったからです。心臓が光り輝いている聖人の宗教画があるのはなぜだと思いますか。それはそこに、その感覚があったからです。ですから祈り方を早く習得したいのであれば、ハートの中に入り、ハートで行動してください。祈りとは頭で考えるものではないし、他の人の言葉をただ繰り返すだけのものでもありません。自分の祈りを心で感じるならば、人はそれに生き生きと反応するでしょう。

あなた方はすでに経験から何が自分の心を動かし何が動かさないか、はっきりとわかっています。ですからどうかそれを実践してください。誰の許可もいりません。あなた方の中ではそのパワーがどんどん強くなっているのではないですか。それが強力になって、やがて、もう四六時中、神を感じていたいという欲求が他の何よりも強くなって、自分を覆いつくす時がやって来ます。

＊

どうすれば常に祈ることができますか。

あなたが〝聖なるもの〟だと思うものを切に望むことです。その美しさを望み、完全性を望み、そのパワーを望み、その不思議さを望む。ただそれを心から望んでください。こうしたものを心に描き、心にありありと生き生きと感じてください。それが光で満ちているのを感じてください。

人によっては、形式に則って祈ることが絶対に最高のやり方です。他の人にとっては、〝大いなるいのち〟を自分の中に感じることが最高の祈り方です。最終的にはどれも同じです。祈りは波動を高めるために行われます。他の方法で波動を高めている時には、祈りと同じことをしています。自分が拡大されていくのを感じ、それを認識し、それに感謝し、より拡大化された意識状態で生きています。

やがて、その意識状態の不可思議さを、そうした訓練なしに体験するようになります。自然にそれをしていて、ただ日々の生活を送る中で、〝大いなるいのち〟に生かされていると感じます。

〝大いなるいのち〟に生かされていると感じるのは、祈りの一つの形です。

日々の生活が自然に展開していくすばらしさを信頼するのはよいことです。そこでもっと愛を感じるかどうかが試練です。もっと愛を感じるのであれば、あなたがしていることが何であれ、それはよいことです。どんな形の祈りでも波動を高めます。その波動を動かすための必要な訓練や修行を、あなたはすでに行いました。その後、人は自然に自分の中の他の部分へと移行します。それが今、あなたがしていることです。

そこで次のステップは、秩序だった訓練と自然発露的な動きとを混合することです。

自分の中で動いているエネルギーを、常に意識する方法を見つける必要性があります。それを覚えていてください。それが祈りを通してであれば、そうしてください。どんな方法でもいいですから、それを感じるようにし、それに感謝してください。ありがたいと思ってください。あなた方は誰でも、ある実験の一部です。

今、何かが起きていますよね。そこで尋ねるべきことは、それは何なのか。何が起きているのか。自分の内側で何が起きているかに注意してください。祈りを通してであれ、観察を通してであれ、〝大いなる静寂〟や自分なりの聴き方を通してであれ、ただそこにいてください。無意識で自動的な行動を取るのではなく、意識を研ぎ澄ましてください。意識を充分に使って、日々を生きてください。そうすると、人生が感動に満ちたすばらしいものと感じるようになります。

人生は決して同じところにとどまってはいません。人は常に変化しています。ある心の状態から次の状態へと移ります。どれもすばらしいです。何も心配する必要はありません。人生を謳歌すればするほど、それはすばらしくなります。なぜなら愛すれば愛するほど、愛がその人の周りに集まるからです。くだらないことがそれだけ減って、感動することが増えます。実にすばらしいことです。

ですから規則にこだわらないでください。休むことなく祈るということは、自分の人生に〝聖なるもの〟を見つけ、自分を観察し、感謝の心をもってパワフルに日々の生活を過ごすということです。自身のプロセスに対する観察者になってください。あなたの人生を通して常に動いている中心の核となる〈自分〉があります。それに注意を払うべきです。それは時として祈りを通して動き、ある時は呼吸を通して動き、また別の時にはセックスでもあり、歩いている時でもあります。あらゆるものを通して動きます。自分という存在の核である部分、その〈自分〉を感じ取り、その感覚になじんでください。

もし私が規則を一つ作ることができるとしたら、何よりもまず、〝大いなる自己〟であることに大きな喜びを感じること、でしょう。

＊

神を見つけるか、金持ちになるか。どちらかを選択しなければいけませんか。

神を求める人たちに新しい情報があります。人間たちが人生を通して実験をしているのと同じように、私たちの側でも実験をしています。神の元へ還る道と物質的な富との関係もその実験の一つです。

過去何世紀ものあいだ、富があると神を求める努力が妨げられると教えられてきたので、神を求める者は物質的な富を避けてきました。すでにこの考えは、充分すぎるほど信奉されてきました。これからは多くの人が、神を真剣に求めることと物質的な富とは共存できるということを体験するでしょう。これら二つのバランスをいかにとっていくかを、今後学ぶ必要があるでしょう。

これまで人間の頭は、富や快楽、目を輝かせたり足を躍らせたりするものを避けるようにプログラムされてきました。

物質的な富も含め、人生のあらゆる部分が自分の中を動いていくのを感じるのは喜ばしいことです。神とお金は別のものとは感じないでしょう。問題はその流れのバランスをとることです。

物質的な富を他の人のためにも使う人が多くなるでしょう。自分のためだけに使わない人も多いでしょう。片方の手で富を手に入れたなら、もう一方の手でそれを人にあげる人もたくさん出てきます。そこが違いです。富の新しい所有者が富の新しい分配者となります。

今の時代、金持ちの中には、自分の家族親戚や親しい人以外とは富を共有したがらない人もたくさんいます。さまざまな理由から、そういう人たちは富を蓄積し手近に置いておく必要を感じています。けれどもそのパターンは変わりつつあります。〈ニューエイジ〉のエネルギーは、人々に受け取ると同時に与えることを教えています。それを理解してください。これはワクワクすることです。

長いあいだ、神を求める人たちは物を所有しない生活をしてきました。その結果、貧者の意識をもってしまいました。こうした意識を変える努力を始めてください。まず次のように自分に宣言してください。

「私はこの宇宙がもたらす富を例外なく受け入れ、受け取ります。そして責任ある行動と深い意識をもって、他の人たちとできるだけ共有する努力をします」

この考えを自分の心の奥深くにまで埋め込めば、金は悪であるとか、金は身を滅ぼすというような古い考え方を捨て去ることができるでしょう。この宇宙があなたの中に流し込んでくるものすべてを受け入れるつもりでいてください。何事も受け取るつもりでいてください。そして与える喜びを体験するつもりでいてください。これほどすばらしいことはありません。

＊

スピリチュアルな自由を得るためのアドバイスがこれまでにたくさんありましたが、どれに従ったらよいか、どうすればわかりますか。

これまで何年も私と一緒に過ごしてきたなかで、実にさまざまなアドバイスを受けてきましたね。その理由は簡単です。あなた方一人ひとりは、それぞれ完全にユニークだからです。人はこれまでのすべての転生を通じて、多くの知識や技能を蓄積してきましたが、顕在意識は何も覚えていません。私の役目は、その知恵をどこで再発見するかを思い出させることです。

私の話を〈外側〉の耳で聞くのではなく、自分の〈内なる〉存在で聞き取ろうとしている時に、話を聞いていて、ふと内側からこみあげてくるものを感じる時があるでしょう。

「うん、これだ。これは納得いく。ああ、そうだった。これが、私が聞きたかったことだ」

そう感じたら、もうそれ以上探すのをやめてください。あなたに必要なものがそこにあります。あなたなりの方法がそこにあります。それを意識的に自分の生活に適用するのがあなたの義務です。毎日、四六時中、適用するのです。これはどういう意味かというと、あなたが昔もっていたすばらしい技能を思い出させているのです。

けれども、新しくてすばらしい情報ももたらしたいと思っています。というのも、ここ数世紀のあいだに変わったことも多いからです。足はしっかりと地に着けたまま天に想いを馳せ、新しい情報を摑むあなた方の能力も飛躍しました。人は大きく成長しました。千年前に比べて、世界は多くの意味でもっとオープンになりました。

ですから実に膨大な量の新情報がやって来ています。このために、注意深くなる必要があります。というのも、少々やっかいなことがあるからです。今までと違う内容だからです。通常、馴染みのない内容だと、人はまず抵抗します。自分のほうへやってくる情報が気に入らない場合、それはまず「注意して」という合図だと思ってください。そして意識を敏感にしてください。やわらかく温かく受け止める代わりに、反射的に辛辣な反応が出る場合には、自分の未解決の心理的問題が残る分野に関係することが多いです。

「この真理は聞くのもイヤだ」と全身で反応している場合には、次のように考えてください。

「ここには何かあるぞ。何か、私の全体を揺り動かすものがある」

その後が難しいのですが、それが何であれ、それに直面し、最後まで聴き、吟味し、受け止め、そしてすべての情報を受け入れます。

ではこうした抵抗や反発を感じたら、どうしたらよいでしょうか。自分と向き合い、オープンな気持ちで、「わかった。言いたいことがあれば、聴こう」と言うのです。こうすると、びっくりするくらい違ってきます。友人との間でこうした経験がありませんか。お互いの言い分をじっくり聴こうと二人で向かい合って座ると、突如、何の問題もなく自然に話せるようになります。一番の難関は、お互いの言い分をオープンな態度で聴こうと合意して、二人で向かい合うことだったのです。

そして最後に奇跡が起こります。これまでの見方を変えて、居心地の悪さをがまんしてじっとしていると、すべてが変化していくのに気づくはずです。心の中で何かが起こります。心がリラックスします。何かが手放されます。

どのようにして手放すのでしょうか。私に言えるのは、とにかく立ち止まって、ただ手放しなさいということです。その瞬間、あなたの中にある障壁を超えて新情報が流入してきます。新しい情報が入ってくると、それと同時に、新しい感動や新しい拡大や新しい〝大いなるいのち〟が流れ込んできます。

＊

この質問は友人のためです。私の友人は最近奥さんをガンで突然亡くしました。人生でもっとも大切な人を失って、毎日をどのように過ごしたらよいか、どのように喪失の悲しみと向き合えばよいか知りたがっています。

お友だちに即答できるような答えをもっていません。人間として生きる難しさの一つは、肉体として誕生した瞬間に、他の次元への扉が閉じてしまうことです。肉体の中にぎゅうぎゅうと閉じ込められ、肉体の目を通して外を眺め、五感を通して自分を他とは分離したものとして世界を認識することになります。生まれた時から死ぬ時まで、人間とはしょせん、混沌とした世の中をその目で覗いているちっぽけな存在にすぎないと教えられます。ほとんどの人は自分のことをそう思っています。

自分とはこの肉体よりも偉大なものだと示すものがこの世に存在すると気づくと、心の自由や安心感、そして調和が得られます。あなたの友人の悩みははっきりしています。彼は自分の妻はその肉体だったと信じており、自分のこともそう信じています。彼のスピリチュアルな扉はまだ充分に開いていないので、奥さんが今も元気でいることが見えないし感じられません。奥さんがあの世でどうしているか、自分に何ができるか知りたいと思っています。基本的にこうしたことを知りたいと思っています。

答えは簡単ではありません。愛する人の死を嘆いて悲しまなかった人を私は知りません。優れた賢者であっても、愛する者が物質界を離れる時には悲しみの時期を過ごします。

お友だちに、誰にも遠慮せずに死を嘆き、堂々と死を嘆くように励ましてください。一番いけないのは、感情を隠してストイックに、「大丈夫。別につらくはないよ」と言うことです。そのようなことをすると、悲嘆の感情が体に症状として現れてきます。

次に私が言うことを、聞きたくない人も多いでしょう。けれどもそれは私にとっての真理であり、あなた方に考えてもらいたいことです。

喪失の悲しみの中に、実は苦しみを消すものが隠されています。喪失の悲しみをずっと感じつづけていると、やがてその隠された宝が顔を出してきます。あなたの友人はいつかある日、「神は天にましましまし、私も妻も大丈夫なのだ」という感覚を体験します。そして安らかな感覚が彼を包みます。何かが変化し、彼も気分がよくなります。悲しみの突き刺すような痛みが和らぎ、悲しみが動き回る余裕が生まれます。

この状況を見ていて、こういう疑問も生まれるでしょう。

「自分で自分の運命を決めるのなら、誰かに死なれるような人生をなぜ選ぶのだろうか」

非常に勇気のいる質問です。人間は、何世紀にもわたって地球界で転生を繰り返す中で、単にそこでの生活を楽しむようには作られていないというのが、理由の一つです。人が単なる肉体であったら、そこにはさまざまな限界が生まれ、小規模の違いや差が生まれるわけですが、あなた方はそんなものをはるかに超えた存在であるということを理解するために、ここに来ています。人間としての状況が示すよりもはるかにすばらしくパワフルで生き生きとしており、思いやりに満ちているということを理解するために、ここに来ています。ですから、死が現れると、そのことを思い出すことができます。痛みや苦しみ、病気や喪失などというものはすべて、ここにはそれより偉大な目的が存在することを人に思い出させるために現れます。

けれども今苦しんでいる人に向かって、「今起きていることはすべてあなた自身の成長のためであり、あなたの理解を深めるためだ」と言っても無駄です。そういう時にはその人の心はそうした言葉を聞きたくはありません。その人の心は痛んでおり、その痛みは尊重されなければなりません。時が経てばやがて痛みも減り、新しい見方や新しい気づきが生まれます。

では、なぜ人の死を地球界での体験としてプログラムしたのでしょうか。その答えは、この人生が〈すべて〉ではないことを思い出させるためです。〃全体〃のほんの一部にすぎません。人間の魂が他の意識状態を感じたり、そこへ移行したりする能力に比べると、この人生は実に小さなものです。お友だちが、死は避けては通れない人類全体の体験だと理解すればするほど、自分一人の心痛という視点から離れて、より大きな観点からの気づきと理解へとシフトできるようになります。

人間が生きるにあたって、何らかの痛みが必要です。痛みのないところに喜びはありません。それが二元性の地球界での現実です。したがって、そうしたつらい体験は魂の旅路の一部だという広い観点から理解することをお勧めします。そうすると、喪失体験も少し耐えやすくなるでしょう。そしてあらゆるものに必ず終わりがあるということを忘れないでください。死の悲しみもしかりです。

＊

人が死んで魂が肉体を離れた時点で、魂はすぐに転生するのですか。転生する時には、なぜ特定の瞬間を選ぶのですか。

私には物事がどのように見えているのかを理解していただくために、少しのあいだ、私の観点から人生をみてください。そうすると私の答えが理解できます。

私は一本道を歩いていくような直線的な人生というものを信じません。私が〝深奥の自己〟を観察する時に見えるのは、あなたとこの瞬間がいっしょになって、すばらしく美しくてパワフルな一点を作り出していて、それが地球界や別の次元での出来事や過去や未来の出来事によって、あらゆる角度から影響されています。そしてこうしたことは、いわゆる時空間の枠外で起きています。これらが組み合わさって、あなたは信じられないほど深遠でパワフルなタペストリー〈綴織り〉を作り上げています。あなたの中のあらゆる部分が生き生きとしています。その中のほんの一部が肉体で、あなたが〈自分〉と呼んでいるものです。けれどもタペストリーははるかに膨大です。

あなたの中のこの小さな部分が、この膨大なタペストリーの一カ所で小さなドラマを演じています。そしてそれがやがて、いわゆる〈死〉を体験します。けれども実際には、もちろんそんなものは存在しません。

そして魂が肉体を離れるかと聞かれれば、はい、魂は確かに肉体を離れます。それは元いたところに戻ります。あなたが生まれた時、魂がやって来て、あなたの肉体の中に閉じ込められました。あなたが死ぬ時、魂は解放され、離れます。

魂は死の瞬間すぐに離れるかというと、それは時と場合によります。時には行ったり来たりすることもあります。チョコレートケーキが食べたいか、バニラアイスクリームが食べたいか、決められない人がいますね。死ぬ時も同じです。「もう行くべきか。わからない。行こうか。いや、まだだ。たぶん、行ったほうがいいか」という具合に。この場合は、突然決めるわけではありません。一旦離れて、また戻ってきます。納得するまで繰り返します。そしてやっと決心して、離れます。

私は今ここで、死をあまり深刻に語らないようにしています。面白い面もあります。もうあなたは忘れていますが、実際にはあなたは何千回も死んでいます。それでもあなたはまたここに来て、また死んでもいいと思っています。ですから、死もそんなにひどいものではないはずでしょう？

死ぬ決断がなされた時、肉体は捨てられ、〈魂〉はそこから出ていきます。魂は、肉体の囲いから出た瞬間、拡張します。これは私が自信をもって言えることですが、これは実にすばらしい体験です。まるで魔法使いのジーニー（訳注：『アラジン』に登場する、ランプの魔人）がビンから飛び出す瞬間みたいです。突然、ビンの栓が外れて、ジーニーが飛び出し、空まで高く広がります。あなたが死ぬ時も、あなたの〈魂〉は同じような体験をします。

いろいろな要素が絡んでいて、一概には言えませんが、あなたは周りを見渡して、自分が終えたばかりの地球での人生の出来事を振り返ります。そしてこの新しい見地から見ると、終えたばかりの人生では、するべきことをちゃんとしなかったと気づくかもしれません。というのも、物質界に来た時に〈するべき〉だったことは、自分も〝聖なるもの〟だと知ることでした。あなたはあらゆる体験をしている神の一部であり、神と自分は別物だという世界は幻想です。それが本当に理解できないと、一定の意識レベル以上には行けないと気づきます。そこでもう一度、物質界に転生しようと決断するのです。時間や場所を選び、その目的に最適な人々を選んで、実行します。基本的にはこのようにシンプルです。あなたは無限の存在なので、そうした決断に必要な情報にも無制限にアクセスできます。ですから簡単です。人間の使うコンピューターよりもはるかに複雑で信頼できるプロセスです。それぞれの要素が変化する可能性は無限大にあり、それらはすべてあなたの拡大された〈コンピューター〉に内蔵されています。手元のデータに基づいて、決断をし、地球に戻ります。

繰り返し言いますが、死はすばらしい体験です。これは何も今すぐあなたに死ぬことを勧めているわけではなく、死をそんなに怖れてほしくないからです。よく聞いてください。魔法使いのジーニーがビンから出てくるイメージにそっくりです。そしてその拡大された自由な意識を通して、より広大な観点から多くのことを理解できます。

あなたのリビングのカーペットの上を歩いているノミに例えることもできます。カーペットに十八種類の色があるとします。一つの色から別の色へと移る時に小さなノミが何を考えているか、想像できますか。自分が通り過ぎているものが何なのか、ノミはまったくわかっていません。けれどもそこで突然、ノミが大きくジャンプします。空中から下を見て、ノミは言います。

「あ、花だ。わかった。あんなにいろいろな色があったけど、そういうことだったんだ」
人間も同じです。上に飛び上がって、下を見ると、「ああ、そうだったんだ」と言います。

多くの人がこうした体験を記録しています。スイスの精神科医カール・ユングは、著書『ユング自伝――思い出、夢、思想』（みすず書房）の中ですばらしい描写をしています。彼は自分が死にかけていると感じた時、それを上昇運動として体験します。歓喜の体験でした。まるで映画のシーンのように、彼は洞窟に座っています。するとすばらしい賢者が現れて、彼に話しかけます。そこで突然、サッと場面が変わります。カール・ユングはもう死にかけてはいませんでした。彼は降りてきます。するとどうでしょう。彼が下りてきているあいだに、彼の医者が昇ってくるのが見えます。ユングは自分の肉体に戻り、再び痛みを感じます。彼はそのことにひどく怒っています。彼が再び地に足を着けた日に、彼の医者が死にました。

人は死や死の過程を怖れますが、ユングは死が非常に興味深いことだと発見しました。彼は死がもたらす拡大意識や美しさ、不思議さ、そして死の体験そのものを愛しました。

どうか死のプロセスを急がないでください。けれども、死はすばらしい解放であることを知っておいてください。それが自分のためにもなり、他の人のためにもなります。そしてそうした拡大意識の観点から、魂は周りを見渡し、自分が見ているものを真に理解します。ですから怖れないでください。

＊

私の患者さんの中に教会のメンバーがいて、今、死の床にあります。彼女は、「神さまはなぜ私をこんな目に遭わせるのですか。神さまはなぜ私を苦しめるのですか」と尋ねつづけています。彼女にどのように優しく接したらよいのか、死ぬ前に彼女の苦しみを和らげるにはどうしたらよいのか、教えてください。

質問はこういうことですね。患者が死の床にあり、非常に心優しい看護師が、「神さまはなぜ私を罰せられるのか」というような患者の気持ちを癒してあげたいが、どうしたらよいか。お気持ちはよくわかりますが、この患者さんの場合は、あなたにできることはあまりないように思えます。この患者さんの神に対する考えはかなり凝り固まっているので、あなたの言葉がそれを変えることはないでしょう。

けれどもあなたの存在そのもの、あなたの人間性が影響を与えることはできます。彼女のそばにいて体に触れ、肉体レベルで彼女を助けている時に、プラス思考のパワーを送って、内面のレベルで静かに影響を与えることはできます。自分の直感に従ってこのパワーに意識を集中し、それを黙って相手に送ります。何らかのレベルで、その患者さんはエネルギーの変化を感じ取ります。

彼女の苦しみを和らげる方法を頭で考えようとすると、その患者さんに影響を与えることはできません。彼女の思考を変えることはできません。もうそれはすでに実行済みでしょう。ですから、内面レベルでできるだけのことをしてください。彼女のことを考える時に、ポジティブなエネルギーを送ってください。つまり、希望や開かれた心、明晰さのエネルギー場を作り出し、そこに加わる機会を彼女に与えるのです。それに実際に加わるかどうかは彼女次第です。彼女は考えには影響されません。

彼女はこれまでの人生を通して、神に対する否定的な考えを抱いてきました。あなたがそれを奪おうとしたら、彼女は喜ばないでしょう。彼女はそれを捨てようとはしません。なぜなら、それを捨ててしまったら、神と会う機会をあきらめることになると信じているからです。ですから、黙ってポジティブな考えを送ってください。できるだけ多くの時間そうすれば、あなたは自分にできるだけのことをしているといえます。それを受け取るかどうかは彼女の選択です。けれどもそれはあなたの周りの人たちにも流れていき、多くの人がそのおかげをこうむります。

＊

エイズという病気が世界中に蔓延し、恐怖を生んでいますが、これはどういう意味ですか。

この大変複雑な状況に対して、たった一つの意味があるとは言えません。

その意味の一つは、多くの人が自身のセクシュアリティ（性的存在であること）をもっと深く理解する必要があるということです。自分にとって性とはどういう意味か、性エネルギーを使って、人生をいかに自分らしく豊かに生きることができるかを理解する必要があります。ですからある意味で、セクシュアリティが問われています。けれども、否定的な考え方をする人が思うような意味で、ではありません。

人類全体として、自分の心の奥深くを見つめ、次のような基本的な問いかけをする方法がなければなりません。

「どうすれば私は深い理解と意識をもって、もっともダイナミックに自分の性を生きることができるのか」

ここで問われている問題が性的なものであることは明白です。エイズを通してその問題が表面化しています。正直なところ、これは永いあいだ眠っていた問題です。世界のこの地域ではビクトリア時代（訳注：一八三七年〜一九〇一年）以来、性は社会的に厳格な規則で管理されてきました。ほとんどの人は自分が性に対してどう思うかなど、考えたこともありませんでした。社会や組織などに言われるままに従ってきました。

意識の隠された部分を見る必要が生じた時にはいつでも、エイズのようなものが現れます。最近では、ガンとして知られる肉体的状況が蔓延しています。

この状況から人々が学んだことの一つは、今の医学は完璧ではない、そして、一人ひとりが自分の体に何が起きるかに対して深い責任感をもって決断しなければならないという自覚です。自分自身のエネルギー場といかに調和したやり方で生きることができるか。そのような状況にならないためには、どのような選択をすべきか。

つい最近まで誰も医学に疑問をはさむことなく信じていたので、医学はほぼ絶対的であり万能でした。けれども自分以外のものに権威を預けた場合はいつでもそうですが、やがて疑いが必ず生じます。**医者はあなたがガンにならないようにはできません。それはあなたがすることです。**意識のどこかでは、人は誰でもそのことを知っています。

では、エイズから学ぶべきことは何でしょうか。性について自分がどんな考えをもっているか検討しはじめた時に、それがわかります。その後は、人生をダイナミックに生きるとはどういうことかについて考え、自分の選択に責任をもち、あらゆる選択はリスクを伴うことを自覚してください。セクシュアリティは肉体の分野に属し、今の段階ではエイズの最期がひどいものであるために、エイズは人々の注意を引きました。ガンが最初に出てきた時も同じでした。

肉体に関する限り、この問題の解決策を見つける能力が人類にはあると私は信じています。ですから不安に陥る代わりに、何が起きているかを観察してください。不安に駆り立てられる傾向がある人は、人を排除する傾向にあります。エイズの結果として、多くの問題が起きています。性的な分野以外の問題にも直面しなければならなくなるでしょう。たとえば、学校で子どもたちが他の子どもからエイズを移されるのではないかという不安。それは現実的な不安でしょうか。そうでないでしょうか。

この病気が多く発生している社会のグループに対する偏見や批判があります。そうした批判に対するあなたの立場はどうでしょうか。こうしたことが多く問われています。「エイズは地球にとってこれこれの意味がある」などと簡単に片づけないでください。問題は、これがあなたにとってどういう意味があるかということです。自分の心の奥深くからどんな怖れが出てくるか自問してください。「私はどう感じているか。この問題に関して自分は何をするつもりか」と自問することから逃げないでください。

いつの世にも、人の命を奪う大きな出来事はありました。ガンは恐ろしい病気ですが、多くのことが明らかになり始めて、ガンに対する人々の理解が以前とは変わってきました。この病気に対する新しく大胆な選択肢が生まれています。ガンがあるのはすばらしいといっているわけではありません。あなた方の惑星に生じる**どんな問題に対しても勝利の道が必ずある**ということを、単に観察しているにすぎません。

そしてエイズが自分の中にどんな考えや怖れを生み出すかを発見し、自分なりの勝利の道を自分の責任として見つけてください。まず自分一人でその問題に向き合ってください。この状況を全体的に何とかしたいと思うのでしたら、自分にとってそれがどういう意味かを充分理解することが、全体を助ける最大の力になります。

次に、この問題の別の側面に目を向けましょう。それはこういう疑問です。生き生きと元気に生きていた人が、なぜそんなにたくさん急に死んでいくのか。あなた方の観点から言うと、死は非常に否定的なものであるというのはわかります。けれどもここで、すでに知っていることをもう一度思い出してほしいと思います。死は、**パワーに満ちた態度で体験されるならば**、勇敢で高潔な瞬間となり、深い洞察の瞬間となり得ます。

戦争というのは俗悪なものですが、それでもパワフルな立場から死を体験する一つの機会です。あなた方の国では現在、公の戦争は起きていません（訳注：このチャネリングが行われた一九八〇年代、湾岸戦争はまだ起きていなかった）。若い人が死ぬ機会が必要だということを、ポジティブなものとしてどうか理解してください。若い人が困難に打ち勝ったと感じて地球界を去る方法がなければなりません。自殺と戦死の他には、事故と病気しか残されていません。そして病気と事故は何らかの形でこれまでにも常に存在したし、これからも存在します。

死はチャンスです。苦しみがあるのはわかります。けれども魂は、死ぬための最適な瞬間が来たと判断した時に死を選びます。あらゆるものが落ち着き、静けさが生まれ、死ぬのにふさわしい瞬間というのがあります。するべきことをするのに必要な弾みが最大値に達します。肉体も感情も精神もすべて準備ができています。必要性がそこにあります。そして深いレベルで意図的な決断がなされます。

人が道を歩いている時に、頭上からレンガが落ちてきたとします。偶然の出来事だと思うかもしれません。けれども、そうではありません。その人は意識の深い部分でその出来事が適切であることを知っています。残された者にとっては、無意味な死に思えます。それでも人は、可能な選択肢の中から選んでいるのです。ここであまりに単純な言い方はしたくないのですが、選択肢の数は限られています。魂が去らなければならないと決断すると、周りを見渡して、方法を見つけます。ここに残っていることが適切でない場合に残るのは不適切なことです。つらいことですが、正しいことです。

誰かを助けるために人が死んだとは言わないでください。それは真理ではありません。人が死ぬのは、その時が来たからです。あなた方も死に面した時にそのことを直接体験します。

「私が死んでいくのは、あの人を助けるためだけではない。私が死ぬのはその必要があるからだ。なぜなら、私のシステムの中で『その時が来た』と告げる何かがあるから。出口がそこにあるから、私は行きます」とあなたは言うでしょう。

人は周りを見回して、そこにあるものを取ります。使えるものを使い、学べることを学びます。人類に与えられた選択肢の中から選びます。エイズで死にかけている人の中にも、偉大なパワーを示して困難に打ち勝った人がたくさんいます。やがてエイズの解決策や治療法が見つかるでしょう。その時にはエイズを通して得るこうした機会は、その強烈さを失います。
ですからポジティブな観点から見ると、人々はこの地球界を去るにあたって、これまでとは違う新しい選択肢が必要だということがわかるでしょう。次のように言えるとしたら、パワフルです。

「私に残された命はあと五カ月だ。だから最後まで勇者のように生きるんだ。身辺を整理し、最後の瞬間までパワフルに生きよう」

それは、目覚めた意識としてのダイナミックな死に方と言えるでしょう。治療法が見つかったら、人々はよくなります。その時はまた違った機会が生まれなければなりません。現時点では、エイズは多くの人にとって困難を克服して勝利を勝ち取る道となり得ます。

※別のインタビューで、バーソロミューはエイズに関して次のような観点を示した。

今日、エイズは男性同性愛者に対する神罰だという意見が流行っています。ここではそれとは違う見解を述べますので、考慮してください。自分たちの社会における少数集団に対する偏見や差別を見直し、まさにこうした偏見や差別が少数集団を弱体化し、その結果として病気にかかりやすくしたのではないかと自問することが、西洋社会一般に対するメッセージである可能性はないでしょうか。性行動に対する偏見なので、そうした病気が現れるのも性的な分野であるということではないでしょうか。孤立させたり激しく非難する代わりに、理解や共感を示していたら、これは起こる必要がなかったといえないでしょうか。

根源的に人類全体に関わる問題の「治療法・解決法」を発見することに貢献したいのであれば、この問題に関する偏見や批判を、自分の心から一切取り除くことに真剣に取り組んでください。

それこそが人類に対する真の貢献といえます。

＊

病気や死に対する自分の選択には、自分で責任をもつ覚悟ができていると思います。けれども動物の場合はどうなのですか。動物の病気をどのように受け入れたらよいのでしょうか。動物は自分で病気を選ぶのですか。それともペットの持ち主から病気をもらうのですか。

（編注：この質問者は獣医である）

あなたは自分の自由意思を自覚していますね。田舎に生まれるか、都会に生まれるかを選ぶことができます。それと同じパワーが動物界にもあると思ってください。動物の意識にもはっきりとした違いがあります。野性に生まれることを選択する動物もいれば、人間といっしょに住んでペットや家畜となることを選ぶ動物もいます。

人間といっしょに住むことで動物界が達成しようとしていることは、〈感じる〉能力を伸ばすことです。創造界のすべてと同じように、動物たちももっと〝広大〟に〝無限〟になろうとしています。大きな動物になろうとしているのではなく、あくまで〝広大に〟です。これまでとは違った体験をしたいと思っています。そこで動物たちが感じたいと思っている体験の一つは、自分が選んだ人間とのあいだで得る共感であり、共感的な理解です。ペットや家畜の〝相手を感じる〟体験は、野生動物のそれとは違います。野生動物はまた違った選択をする必要があります。

ペットといっしょに生活している時に、人はペットから自分が何を得ているかまったくわかっていません。ペットを〈訓練〉している時、自分もまた訓練されているのです。動物は常に人間を訓練しています。人間の意識と動物の意識が無関係に動いているわけではありません。お互いに学び合っており、時には動物のほうが良き生徒であり、優秀な先生です。

この共感性の実験の副産物として、動物は人間のオーナーがもつ考え方のいくつかと波長を合わせることができると知っています。そのため、肉体の面では人間の精神が持つ病気にかかりやすくなります。これは野生では起きません。時として、人間に対して共感するあまり、オーナーの病気を自分の体に吸収するという意識的な選択をする場合もあります。動物の体は病気や痛みに対して人間とは違ったやり方で対処します。動物はこうした困難を自然なこととして受け止めるので、人間ほど苦しみません。

ですから、動物は意識の拡大を選択するということを覚えておいてください。そして人間界と関わることが、その拡大の一部です。動物たちは喜んでそうしています。動物たちにとって、それはすばらしい交換条件なのだということを理解してください。動物はその対価を恨んだりしていません。そうでなければ、そんなことをそもそもしません。

ですからいっしょにそれに参加してください。お互いの存在をエンジョイしてください。動物界はその目的を果たしているのだと認めてください。その結果としてあまり嬉しくないことに遭遇したとしても、動物はそれはそれで理解しています。あなたと共に生活する体験は適切であることを動物は直感的に知っており、喜んで体験しています。ですから動物の選択を尊重し、あなたなりに最大の努力をしてください。動物たちはすばらしい変化を遂げ、意識を拡大しています。自然界における優れた教師です。そして動物に代わって、この質問をしてくださったことに感謝します。

＊

なぜ障碍を持って生まれる子どもたちがいるのですか。私たちはそれを治す努力をすべきですか。

あなた方は皆〝大いなる一〟である、あらゆる生命は〝大いなる一〟であるということを体験する一環として、人間として生きる条件の中で〈持って生まれた〉基本的な条件と取り組む必要があります。

その一つが障碍者として生まれることであり、また、人生の途中で障碍者となることです。けれども、障碍を持って生まれた子どもや障碍者は過去に犯した罪の償いをしているのだとか、障碍者の親も過去の過ちを償わなければならないと多くの人が考えていますが、それには異議を唱えます。

私の観察によると、ほとんどの場合、障碍を持って生まれてくる人たちは、その状況にできるだけ多くの愛と光とパワーと美をもたらそうという決意と勇気に満ちています。それが成功した場合には、多くの困難に打ち勝った生き方として、輝かしい模範となります。そして、そうした人たちにとって不要なのは、あなたの憐みです。信じられないほどの不自由さを抱えながらも勇敢に生き、キリストが体現した特質を人々に与えているのに、いったい誰がそんな人を憐れむのでしょうか。その人たちが受け取るべきものは、称賛です。

人は障碍者を治す努力をすべきでしょうか。もちろんです。そうした障碍は過去生のカルマが原因だから、何もしなくてもよいと言う人もいます。けれどもそうした障碍者があなたの人生に現れたのだとしたら、**あなたの**カルマはどうなっているのですか。理由なしに誰もあなたの人生に現れません。必ずその人たちが占めるべき場所があるのです。ですから障碍のある子どもが自分の前にいる場合、「これは自分とどういう関係があるのだろうか」と問われるべきです。

ほとんどの場合は、障碍者を受け入れ、共感し、ユーモアのセンスをもって持続的に世話をする能力が問われています。都合の悪い時にも受け入れ、イライラしながらもユーモアを失わず、相手との間に流れる共感や好感を素直に楽しみ、そこにあるもののすばらしさや感動を大切にする——ということです。

目に見える以上のことがたくさん起きているのだと理解してください。自分がこの肉体以上の存在であることを常に覚えていられると、障碍者もそうだとわかります。あなたのエッセンスの広大な部分が、二人のあいだを自由に流れるようにしてください。

障碍者にとって肉体の障碍以上に耐えがたいのは、自分は人と違う、仲間に入れない、人生から除外されているという気持ちです。それが最大の苦痛です。ですからあなたにできることは、自分の意識を障碍者のそれと混ぜ合わせて、そうした分離意識を取り除くことです。彼らを自分の中に取り込んでください。障碍者を見て居心地悪く感じたりして、彼らを押しのけないでください。障碍者の顔をちゃんと見て、目を見て、そして彼らの〝聖なる存在〟をしっかり見てください。**そして彼らにあなたをしっかり見てもらってください。**自分を完全に与えるというのは、こうした瞬間のことです。

するとやがて今度は彼らも、ここには〝大いなる一〟しかないことをあなたも知っており、あなたが全体の中で自分の役目を果たしているように、彼らも自分の役目を果たしているのだと知ります。

＊

愛する人との関係において、一方の人生目的がもう一人のそれより重要だということがありますか。

人生の目的は、幸せな愛情関係を持つことだけではありません。人生の目的は、自分として完全になることであり、すばらしいことを成し遂げる能力が自分にあることを知り、外の世界に出ていって、それを実践する勇気と能力が自分にあることを知ることです。けれども自分がそれに値すると心の底から深く信じない限り、こうしたことはどれも起きません。

あなた方は一人ひとり違います。生活も違えば、感情や考えも違います。望んでいることや必要としていること、理解の仕方や世界観も違います。すべてが違います。それなのに、誰かと生活を共にする話になると、二人がぴったり合わないとうまくいかないと思い込みます。けれどもそれは不可能です。そう信じていると、長いあいだ孤独な生活を送るか、そうした考えを捨てるまで不幸です。

愛する人との関係は何のためにあるのでしょうか。波動の異なる二人が、それでも共通点が充分にあってお互いに惹かれているということです。非常に激しくお互いに惹かれ合った場合に、いわゆる「恋に落ちる」体験をします。恋に落ちるというのは、私には非常に危険な感じがします。

けれども確かに、誰かに魅力を感じている時には、二人のエネルギー場に多くのコンタクト点が生まれます。ですから人は安心感を感じたりワクワクしたり、関心を持ったり喜びを感じたり、恋をする時に感じるその他もろもろの感情を感じます。こうした要素が二人を結び付けます。

その後、二人がいっしょになる〈深い理由〉と私が呼ぶものがやって来ます。ここで私が話しているのは恋愛関係だけではありません。友人や大切な人との関係でも同じことが起きます。

誰かと出会います――まるで爆発です。やがて関係が深まるにつれ、エネルギー場の〈他の要素〉と私が呼ぶものにぶつかります。それがチャレンジとなります。

よく聞いてください。嫉妬や所有欲、羨望や怒りなど、そうした類《たぐい》の感情が生まれた時には、あなたのシステムは警報を鳴らすべきです。あなたは今や未処理の問題に直面していることに気づいてください。

「まったく、あいつらがしていることはひどい。あれはやめてほしいな。自分の問題は自分で解決してほしいよ」とは言わないでください。

自分の中にある〈でこぼこ直し〉が必要な箇所すべてに、ユーモアのセンスをもって直面しはじめてください。人間関係における〈でこぼこ直し〉は、次のようにすれば簡単にできます。

まず、自分の感情に百パーセント責任を持つこと。嫉妬心が湧いたとしたら、それは何か外部の出来事があなたを嫉妬させたわけではありません。外界で何かが起きたのかもしれませんが、あなたの中の何かがそれに反応したというのが事実です。嫉妬心にかられた瞬間こそが、あなたの選択の瞬間です。どんな感情であれ、それが自分の何を表しているのかを発見することができます。

嫉妬心が示しているのは、あなたが欲しいけれども持っていないものを、誰かが持っているということです。その解決策は、それを自分自身で自分の中に見つけることです。そして相手がそれを自分に与えるべきだと要求しないことです。ここで私が話しているのは物質的な物ではありません。安心感や幸福感、安全と感じることなど、心の状態について話しています。

人間の精神構造には、きちんと観察して対処すべき部分がたくさんあります。そうした部分を目の前にいる相手に投影して相手のせいにしていたのをやめて、自分の内面の問題として受け止めると、自分の欲しいものは自分で自分に与えることができるとわかります。あなたがこれまでずっと欲しがっていたものは、実はあなたの中にあるものです。自己実現への簡単な道は、次のように自問しつづけることです。

「この状況を変えるために、今この瞬間、私が自分のためにできることは何か」

ということで、また振り出しに戻ります。今、自分が得ている以上の価値が自分にはあると信じるまで何も変わりません。

人生の目的は、自分として完全になることです。今あなたの人生にいる人が本当にあなたのことを愛しているのなら、あなたが心から欲しいと思っているものをその人もあなたに望むでしょう。あなたも相手に同じように望みます。そうなると、あなたの人生の目的は二人に共通のものとなり、心痛はなくなり、二人は〝大いなる故郷〟へ還る旅の良い道連れとなります。

＊

長年信頼していた人から裏切られたと感じる時に生まれる感情に、どう対処したらよいでしょうか。

最初にするべきことは、自分の怒りや憤り、つらさを正直に認めることです。人は心地よい感情は充分に味わいますが、いわゆる〈マイナスの感情〉が現れた時には抵抗が生まれます。人々はこれまで、怒りや敵意、裏切られたくやしさなどは容認できない感情だと教え込まれてきました。けれども、自分が感じているものを正直に認める必要があります。自分の心の中にとどまり、感情を認め、それを充分感じてください。

その後、こうした強い感情を感じながら、「この怒りのただ中で、私は自分を愛します。この苦しみのただ中で、私はこの瞬間自分を愛します」と自分に言ってください。あなたは裏切られたと感じましたが、同時に、それを超越できない自分にふがいなさをも感じています。自分の反応を否定的で間違ったものだと批判する部分が、あなたの中にあります。そうした批判をしている時には、自分を愛していません。

けれども自分がしょせん人間であることを理解してください。あなたは肉体を持ち、感情体を持っています。感情体の役目は、感情を感じることです。感情を認めることはそれに基づいて行動しなければならないということではありません。感情を感じることを許すようになると、自分が拡大していくのを感じるでしょう。自分というものをもっと認められるようになり、より自分らしくなります。やがてその出来事に関する気持ちにも調和が生まれます。

＊

私を裏切った人と話し合うべきでしょうか。感情をぶちまけて、自分の気持ちを相手に知ってほしい気がします。

それはあなたが決めるべきことです。けれどもこうした気持ちを抱きながら人に話しかける時には、非常に注意深く自分の動機を見極める必要があります。相手に自分の気持ちをぶちまけたいと思うのは、自分が傷ついているからなのか、誤解があったら解いて状況を正しく認識したいと本気で望んでいるからなのか、その両方なのか、自問してください。これを考えることで答えが出ます。

けれども何をするにしろ、自分の行動に責任を取ってください。何かを始めたら、その結果を引き受ける覚悟が必要です。自分の動機が復讐であるなら、思いとどまって、考え直してください。なぜならカルマはそうやって始まったり、繰り返されたりするからです。人から傷つけられ、その相手を傷つけ返し、今度は相手がまたあなたを傷つけ返す。そうやって永遠に続きます。どこかでストップされなければなりません。ですからよく考えてください。相手のいないところで感情をぶちまけることもできます。つまり相手はあなたの目の前にいなくてもいいわけです。相手がそこで聞いていなくても、心の底からの感情を相手にぶつけることはできます。

感情を傷つけられるのは、人間として生きていく中で必然的に起きることです。最近、ある人からこう尋ねられました。

「人間社会は裏切りにあふれているのに、どうして人を心から愛することができるのですか」

それに対して私が言えることはただ一つです。あなた方が話している愛は、生まれたり消えたりする類のものです。〝聖なる愛〟をその関係に持ち込むまで、愛は苦しいものでありつづけるでしょう。特定の個人に向けられたものではない愛で自分の人生を満たすようになるまで、人は愛に傷つけられつづけるでしょう。愛とはそういうものです。

人間の置かれた状況をよく認識してください。そして自分が本当に求めている感覚を、小規模の恋愛の中に探そうとしないでください。人間の恋愛は、神の愛の感覚を鏡に映し出したものです。そして神の愛は特定の個人に限られたものではありません。究極の問いは、神の愛をいかに見つけ、それをどのように生きるか、です。それが真実のところ、唯一の問いです。

怖れについて話していただけますか。仕事の関係でも私的な関係でも、どんな人間関係であれ、愛や共感も感じるのですが、時に、どうしようもない不信感が湧いてきて、関係を損ねてしまいます。

＊

良い質問ですね。ありがとうございます。つまり、こういうことですね。

「どんなに努力しても、どんなに優しい人間でいようとしても、時に怖れに負けてしまうことがある。怖れに打ち負かされると、今度はその怖れを強化するような行動を自分でも取ってしまう」

それはなぜなら、妄想に基づいた行動を自分が取り始めることで、今度は相手も怖れに根差した行動を取り始めるからです。すると今度は、あなたは自分の不安をますます確信します。それがどんどん繰り返されます。ではどうすれば、それを止められるでしょうか。

私の観察では、このプロセスを本当にやめる方法はただ一つです。病気になったら、人は良くなるために大変な努力をします。最初にするのはベッドで休むことでしょう。周りの人たちに病気療養中だと告げ、健康を取り戻す努力を始めます。〈怖れの病気〉にかられた時にも同じくらいの努力をすると、自分の怖れがどこから生まれ、自分に何を求めているのかが少しずつ理解できます。するとそれを手放せます。怖れはエネルギーで、それに直面する勇気を持つと、良き教師となってくれます。

怖れはパワーです。簡単に感じることのできるエネルギーです。ライフサイクルの一部です。怖れが自分の中に生まれた時には、怖れに向かって次のように言えるように自分を訓練しましょう。

「ああ、やって来たね。君のことは覚えている。僕の中に見つめる必要がある部分があることを教えに来たんだね。説明する必要がある部分もあるんだろう。じゃあ、僕にその秘密を明かしてくれるまで、じっとしているよ」

怖れに対して、怖くて困ったものとして見るのではなく、自分を助けてくれる実体のあるものとして見ると、それだけで問題の大部分を克服したことになります。

エネルギーはあなたと〈話す〉意思があることを理解してください。夢やイメージ、シンボルやビジョン、ふと浮かぶ考えや何か自分を駆り立てる感覚として、それは話しかけてきます。あなたが理解できる形で話しかけてきます。

このエネルギーを熟知する方法を一つ教えましょう。それと対話することです。静かに座って、次の質問をしてください。

どんな色をしているか。どんな形か。体のどの部分にあるか。どうすれば大きくなるか。どうすれば小さくなるか。どうやって生まれたか。この怖れと対座していて誰の顔が浮かぶか。どの出来事を思い出すか。何をしたくなるか。そして最後に、どうすればこのエネルギーを静めることができるか。「もっと落ち着いてリラックスするためには何が必要ですか」とそれに尋ねてください。

ですから怖れを感じたら、自分のところにやってくるものはすべて友達だということを思い出してください。たとえ悪夢や恐怖であってもそうです。怖れは自分の中にある基本的な問題を解決するためにやってきたエネルギーだとみなせると、怖れに感謝できるし、怖れは愛と思いやりの心であなたに向き合います。するととても不思議なことが起こります。今のあなたには信じられないかもしれませんが、怖れを感じてもそれほど怖くなくなります。そして怖れを避けなくなると、それだけで問題を半分以上克服したことになります。自分の中でこれまで起きていたことを理解する準備ができたからです。そうした瞬間がやってきたら、もうしめたものです。本格的な動きが始まります。

＊

セックスの最高の形と目的は何ですか。あらゆるものを〝大いなる故郷〟へ還るために使うのだとしたら、性行為をどのように使ったらよいのですか。

これから私が言うことを理解するために、次のことを覚えていてください。

人はすべて動いているエネルギーです。人は周りの世界に向かって、常に自分が誰であるかを波動で示しています。周りの人たちはあなたの本質を常に感じ取っています。誰も人を騙せませんし、あなたも誰にも騙されません。人が騙されるのを選ぶ場合は、別のゲームをしたいとその人が望んでいるからで、そのゲームをして自分を隠しとおします。たとえば浮気をしている場合、その人は決して自分の伴侶を完全に騙しとおしてはいません。なぜなら不倫をしている人のエネルギー場は、そうしたメッセージを常に放っているからです。けれどもその人のパートナーは、自分なりの理由でそうしたシグナルを無視することもできます。

性行為そのものがエネルギー場を変えます。相手のエネルギーと非常に深いレベルで混じり合い融合します。ですからセックス行為を始める前に自問すべき、最初で最後の質問は次のものです。

「自分の人生の一部として、私の体験や感覚の一部として、この人のエッセンスを取り入れたいだろうか」

その答えがイエスであれば、どうぞ楽しんでください。答えがイエスでなければ、考え直してほしいのです。

私は今とてもまじめに歯に衣を着せずに話しています。性的融合を通して、人はこの人間界で行うどんな行為よりも大量に、相手の本質を自分の中に取り入れます。セックスが魅力的なのはこうした理由からです。セックスの魅力は快楽だけではありません。この時空間の短い瞬間に、別の人間と融合できるから魅力的なのです。あなたに何かが加えられ、あなたは満たされます。あなたは拡大します。独りぼっちではありません。二人の人間がお互いを思いやる時に融合が起こります。そして性エネルギーは、必ずしも性行為から生まれるものではありません。

悟りを達成するためにセクシュアリティ（性的能力）を使うという太古の興味深いシステムが存在します。その一つは「タントリック・ヨガ（タントラ・ヨガ）」と呼ばれるものです。興味のある人はぜひ使ってみてください。

ただ覚えていてほしいのは、相手と合体することで、誰か他の人のパワー、誰か他の人の神秘を分かち合っているということです。二人以上の人が集まると、不思議なことが起こります。それはセクシュアリティでも祈りでも歩くことでも死ぬことでもそうです。あらゆるものがよりすばらしくなる可能性があります。

あらゆる奇跡や不思議な出来事にいえることですが、人はそれをするかどうか選択しなければなりません。セクシュアリティは人にパワーを与える強力な道具です。単なる技術としてではなく、目覚めた意識を使って正しく行うと、お互いの意識を高めることができます。

性行為を始める時に、「もっとも深いレベルで二人をパワフルにするために使われるように」と祈ってください。そうすると、このパワフルな行為がさらに意識的なものとなります。そのあとで、**自分自身の〝大いなる存在〟**と融合し、さらに、相手のエッセンスや神秘と融合します。意識的な選択をすることで、性行為が〝大いなる故郷〟へ還る道の一部となります。

*

ニューエイジになっても、世界の人々のあいだでの平和や喜びや愛が増えているようには思えません。なぜですか。

エネルギーが増加する場合、波動の急な上昇にしろ、助けを求める声に対する反応にしろ、惑星システムのポジティブな面だけが増加するわけではありません。そうであったら、物事はもっと簡単だったでしょう。けれどもエネルギーが入ってきて、そこに存続する場合、あらゆるものが同じ程度に活性化されます。太陽があらゆる場所を照らすように、エネルギーもあらゆるものに浸透します。ですから、それまで陰にあったようなものも増大します。そして光の中にあったものも同様に増大します。

暗い影の部分が増大するのが観察される場合、あなたにできることはあまりありません。来る日も来る日も、この増大するエネルギーを使って自分の光の部分を活性化するだけです。二元性の両極化を食い止めることはできません。正反対のものが同時に増加します。だからといって、落胆しないでください。これはむしろ自由の表明です。いつかあなたも理解できると思いますが、自分の中にあるパワーを増加させる決意で生きていると、物事がどんなに困難に見えても、あらゆるものは正しい方向に進んでいると思えるようになります。

確かに、この地球界には〈若い魂〉というべき人たちがたくさんいます。放っておきなさい。若い魂には若い魂がするべきことをさせておきなさい。そうすることで、彼らも学んでいきます。彼らを批判するのは、あなたの役目ではありません。自分の魂がさまざまなレベルの理解を深めていくなかで、自分自身を理解し受け入れる最大の努力をするのがあなたの役目です。そうした意識の拡大を体験しつつ、あなたは自分の意識の目覚めに必要なことをするようになります。

そして、他の人が自分に必要なことをするのを、するがままにさせるようになります。他の人に対して、「あなた以外のものになりなさい」と言うような、おかしな批判的な行為は避けてください。

あなた方は同じ時期に地球にやって来たわけではありません。同じ時期に去るわけでもありません。ですから、それぞれの魂の発展段階を考慮してください。自分なりにベストを尽くして、学ぶべきことを学んでいる弟や妹たちにどうか思いやりの心を持ってください。

＊

どうすればパワフルに生きることができますか。自分が弱くて無力だと感じるのが嫌なのです。

パワフルに生きたいのであれば、勇者として人生を生きる決心をする必要があります。どういうことかというと、自分の意識や光やパワー、感動する心を拡大して、これまで自分に無力感を覚えさせるような出来事が起きても、そのように感じなくなる方法を見つけることです。たとえ体中が痛んでいても、答えは同じです。これまで慣れ親しんできた枠以上に、自分の意識を広げてください。そこで副産物として起こるのが、肉体の変化です。肉体の一部である細胞組織を変えることなく、自分のエネルギーを変えることはできません。そしてエネルギーを変容させはじめると、あなたの周りの環境も変わりはじめます。

意識が拡大し、人生が変化しはじめると、気分が〈沈む〉代わりに〈高揚〉しはじめます。そうなったら、あなたといっしょに〈高揚〉したくない人が周りにいますから、覚悟しておいてください。その人たちは居心地の悪さを感じます。そうすると、自分たちの居心地の悪さゆえに、あなたとは合わないと判断し、彼らは違うものを求めます。この時点で、自分がしていることは最善であると信じなければなりません。これは簡単ではありません。

ここで私がこう言うのは、〝大いなる光〟の道を選択する人々は、自分にとって大切だとその時点で思われるものや人間関係、生き方などを捨てなければならないことがあるからです。内なる光を増やす過程で、何かや誰かを捨てなければならないことが起きても、そうしたうわべの喪失によってあなたが小さくなることは決してありません。次のステップもまた光に満ちたものですが、非常に困難な地点を、途中で通過しなければなりません。

パワーを増やすにはいろいろな方法があります。一番古いやり方で、多くの人が嫌がる方法は〝瞑想〟です。瞑想をするには黙って座っていなければならないからです。いっしょに遊んでくれる人もいないし、話し相手もいません。それに何よりも、報告する相手がいません。ただじっと座って、神さまが話しかけてくれるのを待つだけです。非常に退屈です。けれども実際のところ、最初の数カ月のつらさを耐え忍ぶと、やがて落ち着いてできるようになります。自分の内面が非常に静かになって、ぴたりと動かなくなる瞬間がやってきます。すると別の意識体が現れて、あなたに直接、親しげに話しかけてくれるようになり、それが続きます。

パワーを増やすもう一つの方法は、とても楽しいやり方で、夢を使います。神は夢を通して人間にいつも話しかけてきました。頭が混乱し、自分の人生が暗くなっていると思うのなら、夢を記録しはじめることをお勧めします。

人間は太古の昔から、二つの似通った方法で神のメッセージを受け取ってきました。一つはビジョンであり、もう一つは夢です。それらを通して必要なメッセージを受け取ることができます。人には必要な知恵が備わっていますので、夢の意味について深く考えていると、驚くほど明白な答えが得られます。

一見ネガティブに見える夢を無視しないでください。強烈にネガティブな夢を見るたびに、それから逃げるのではなく、そこにとどまってください。その夢を友達だと思って、そのエネルギーの中に入っていき、それに自分を触れさせてください。夢とは、睡眠状態にある時に侵入してくるエネルギーです。防衛体制が解かれ、エゴのパワーが減少し、ベールの下をくぐって向こう側に行き、物事を違う視点から見るチャンスが生まれた時に、エネルギーが入ってきます。

夢が怖い夢であればあるほど、喜ぶべきです。怖い夢を見るのは、その問題に対処するだけのパワーを持っている時です。それまでは見ません。目覚めている時にその夢について考えることは、何かを教えようとしているエネルギーとふたたび接触する能力があなたにあるということです。目覚めている状態で夢への入り口に戻り、夢の異なる部分に次のような質問をすることができます。

「何を私に教えようとしていたのか。あなたは誰なのか。そこで何をしているのか。なぜ私のところにやって来たのか。いったい何が問題なのか。どうか教えてほしい」

自分の魂の旅は、自分でコントロールしてください。自分でコントロールしていると感じている人は、たとえ道がどんなに困難になろうとも、楽に進んでいけます。コントロールしていないと思うと、非常に不安になります。

現在この地球上に生きている人のほとんどは、大きな不安を抱えています。その必要はありません。どうしていいかわからない時には、夢があります。瞑想があります。

そしてもう一つ、もっとも難しいものですが、自分の現実は自分で創っているという認識があります。人は自分の信念体系や常に発している考えを通して、自分の現実を創り出しています。自分が今日考えていることを明日生きるのです。

自分の人生がなぜ今の状態なのか知りたければ、文章に書き出すエクササイズをお勧めします（本書10「無意識の流れ」参照）。六時間のあいだ、一瞬も休まずに頭に浮かぶ考えをひとつ残らず紙に書き出してください。するとその六時間のあいだ、自分が同じ考えを永遠に何度も繰り返し考えていたことに気づくでしょう。

このエクササイズの結果、二つのことが起きます。

一つは、つまらない日常的な考えをやめる決心です。朝から晩まで人と比較したり測ったり批判したりするのをやめることです。

二つ目は、自分の頭にある考えによって自分の体験を生み出してきたということに少し気づくことです。自分に値すると思うような人たちを自分の周りに引き寄せ、自分にふさわしいと思う人生体験を人は引き寄せます。その六時間のあいだに、人は絶えず多くの気づきを得ます。

自分の現実を創り出すすばらしい力を自分が持っていることを理解しはじめると、どういう人生を送りたいのかを考え直すことができます。多くの困難をもたらすような意識の流れをやめることもできます。

一番難しいのは、今この瞬間にいることです。今この瞬間、自分の内面や外部で起こっていることすべてに完全に意識を向けていてください。今起きていることに注意を払ってください。自分の人生のマスターになれるのは、この瞬間です。今です。はっきり現在にとどまることを学ぶまで、思考はいつも行くところに向かいます。選択肢があるとわかると、意識的な決断ができます。自分の意識をコントロールしないと、無意識があなたをコントロールします。あなたは無意識が選択するもので自分の人生を創り上げたいですか。そうは思いません。今起きていることに責任を取るようになると、それは自分で創り上げたと気づく瞬間がやって来ます。すると自分が喜べる内容を創り上げようと決心します。

自分にとって幸せだと思える人生を創り出すのは、あなたの持って生まれた特権です。神は人間が幸せであることを望んでいます。ワクワクと胸躍る、パワフルで、ダイナミックで、創造性にあふれた、純粋な幸せをすべての人間に望んでいるのです。

バーソロミューの使う言葉の定義

バーソロミューが使う言葉は、時に文脈によって意味が変わる。また、新しい概念や考えを伝えようとして、ユニークな言葉を作る傾向もある。こうした新しい言葉や言い回しの意味を明確にする試みとして、リストを作った。

アストラル界……地球界のすぐ上にある存在状態で、しばしば夢や悪夢などを見る時に体験される。

アバター……〝大いなる真理〟や〝大いなる光〟を純粋に体現する覚者（キリストや釈迦など）。

インターフェイス……一見離れて見える二つのものや現実の交錯。こうした二つのものが触れ合う場所。

宇宙の法則……パターンや規則性などから観察された神の真理。

エゴ……………小さな自我で、自分を他人とは別のものとして見る。
エネルギー場……物体や肉体の周りまたは内部にあるパワー。
大いなる広大無辺さ…人間の感知できる範囲を超えた現実。わたしたちが〝すべて〟であることを知っている純粋な意識状態。
大いなる故郷へ還る…覚醒の旅。神を知り、真の現実への旅。
大いなる自己……〝深奥の自己〟と同じ。すべてのものが生まれ、すべてのものが戻っていく〝大いなる一〟。
大いなる自由……拡大された意識状態で、幻想のくびきから解放され、大いなる広大無辺さを体験している状態。制限が取れて無制限に移行した意識状態。
大いなる存在……その人のエッセンス。神、大いなる愛、あらゆるものの源。
大いなる道……神や〝大いなる自己〟や〝大いなる一〟を見つけるためにしていること。
大いなる源……分離意識の幻想を超えたもの。神。
開拓者……………グループから出て新しい体験という形で新しい土地を探検し、それをグループに持ち帰る人。新しい体験をするために出て行くあなたの一部で、それを残りの自分の魂のために持ち帰る。
覚醒………………何が真理か、私たちは誰か、神の具現化、普遍的な愛、真の叡智などを知っている意識状態。

神……人間を助けることを使命としている膨大なエネルギーの渦。

感覚トーン……肉体内のエネルギーを感知する方法。

グリッド……人間の認知したものや誤解、考えや信念、怖れ、この世はこうだというような思い込みのネットワーク。

自己……私たちの一部で、「私は人とは違う」という部分。

深奥の自己……私たちの〝大いなる存在〟、〝大いなる一〟、〝大いなる源〟。

スェット・ロッジ……ネイティブ・アメリカンが行う儀式。グループでテントなどの中に入り、真ん中に熱い石を置く。蒸気や石やお互いの力を借りて、自己の制限意識を捨て、本当の自分は誰かを発見する試み。

地に足を着ける……地球界や二元性に対する現実的な感覚。どう動けばよいか知っており、エネルギーの流れを感じ取り、自分の内部で平静を保っている状態。

ディーバ……インドの言葉で〝天使〟を表す。

投影《プロジェクション》……他の人や出来事に対する自分の考えを現実だと思い込んでいること。自分の中にある嫌いな面を他の人間の中に見て、それを全部相手の問題とみなすこと。

内破……感情や思考が体の内部に向かって爆発すること。

眠っている……注意を払っていないこと。外の世界に心を奪われていること。内なる真理に目覚めていないこと。

プロセス……「プロセスを信じても大丈夫です」という時のプロセスは、目的に向かって意識的または無意識的に歩んでいる道。また、あなたを通して神の意志が自然に表れていること。

マイナス思考委員会……怖がり屋のエゴの部分で、何か新しいことを試す勇気を奪う。

曼荼羅《マンダラ》……高いレベルの現実を表すシンボルを描いた円形のアートまたは絵。

目覚める……本当の自分に気づくこと。内なる神に気づくこと。自分の意識の中で起こっているすべてのことに気づくこと。

勇者……他の人が決めた規則に従うのではなく、自分の内部から発する規則のみに従うことを選択した人。自分らしくあるためには、人と〈違う〉ことを怖れない人。神を知るためにすべてのリスクを冒す覚悟がある人。

妖精界……異なる進化の道を歩むエネルギー体。小人たち。

バーソロミューあとがき

幻想を打ち破り、意識をより高度なレベルで理解しようというあなた方の努力は、自分自身のためだけではありません。そんな努力をすることなど考えたこともない何百万という人々のためです。その人たちにとっては、まだそうする時期ではないからです。こうした話を聞いたり読んだりする人たちは開拓者です。開拓者のみなさんは、自分の行為がこうした他の人たちのためでもあることに気づいてください。

そして私たちは、あなた方が聴いたり読んだりしてくださることに感謝しています。私たちの理解をこの世の中に伝えることができるのは、肉体を通してのみ可能であり、それはつまりあなた方を通してだということです。あなた方がそうした理解を受け取る器になろうとしない限り、どんな影響も与えることはできません。ですからあなたがほんの少しでも深い理解に達するならば、たとえ学んだことや体験したことやエンジョイしたことを誰にも言わなくても、あなたは人を助けたことになります。その体験はあなたの一部となり、あなたから離れることは決してありません。あなたのすることすべて、あなたのふるまいのすべて、あなたの考えることのすべてが、周りに変化を生み出します。

そこで、意識の鏡の私の側から同じ鏡のあなたの側へ、私の限りない感謝の気持ちを送ります。そして何よりもあなた方に感じてほしいし、信じてほしいのは、私の限りない愛です。

繰り返しますが、あなた方に奉仕するのは私の大きな喜びです。そしてあなた方が私に奉仕してくれる時には、実に嬉しく思います。結局のところ、片手で与え、もう一方の手で受け取る──それが私たちがしていることです。

この中には、もう二度と〈会えない〉人もいるでしょう。けれどもだからと言って、私たちの愛が再び交わらないということではありません。そして、また会う機会のある人たちに言います。次に会う時まで、本当の自分が誰なのかを覚えていてください。自分が誰なのかを絶対に忘れないでください。あなたはすべてです。あなたは限界ある存在ではありません。あなたは混乱した過ちではないのです。あなたは広大で聡明で拡大しつづける創造的エネルギー場であり、〝大いなる一〟のハートからポンと爆発して飛び出してきました。そしてその旅を楽しんでいます。

そしてあなた方と共に旅を続けられるのは、今も今後も常に、私にとって大きな喜びです。

バーソロミュー

訳者あとがき

本書はバーソロミューの本として日本では四番目の出版となりますが、原書は実は二番目に出版されました。「From the Heart of a Gentle Brother」（心優しき兄弟から）と英語で題された本書は一九八七年に初版が出版されました。けれども三十年以上も前に語られたチャネリングの内容もまったく時を感じさせず、現代の私たちに深く訴えかけます。

「自分は肉体ではなく魂だという自覚を持ちながら人間界にしっかり足を着けて生きていくにはどうしたらよいか」、「スピリチュアルな観点から見ると、なぜ宇宙船チャレンジャー号の事故が起きたのか」、「地球上の紛争を終結するまでは、人間は宇宙に飛び出して新しい世界を作る資格はない」、「二元性の世界に生きるにあたって、流れる雲ではなく、その後ろに常在する空を意識して生きること」など、人間が直面している課題が第一部で語られます。「ディーバの世界」では、世界各地の事情をスピリチュアルな観点から分析しているのも新鮮です。

また、本書はこれまでのバーソロミューの本と大きく異なり、第二部と第三部は個人レベルやグループで行うエクササイズや誘導瞑想が主となり、自分をさらに深く追求できるワークとなっています。自然界と深くつながったり、自分の魂の味方を動物の中に発見したり、それから教えてもらったり、自分の神話を語ることによって、象徴的に自分の人生のテーマや使命を知ることができます。特に、例として出てくる参加者の話やバーソロミューとの対話は、まるで読者もワークショップに参加しているような臨場感を与えてくれます。単にチャネリングを通して知識としての情報を得るのではなく、右脳の作用を使って今の自分をより深いレベルで知るテクニックにあふれています。レベル33の瞑想エクササイズのように、この世から別の次元へ移行して通常では知りえない情報を得る手段も含まれています。自分をより深く知りたい、理解したい、成長させたいと望む人たちにとって、この本のエクササイズはすばらしい道具となってくれるでしょう。

第四部はバーソロミューが人々の質問に答える形になっており、多くの人が抱えるスピリチュアルな質問にあふれています。神の道を求めながら富も求めてよいのか、愛するものを失った悲しみにどう対処すればよいのか、自分の中に生まれる醜い感情をどう扱えばよいのか、セックスをどうスピリチュアルに使えばよいのか、ペットの病気や障碍を持つ子どものことをどう考えればよいのか、など、私たちの日常に生まれる疑問を魂の進化を目指す観点からバーソロミューが答えてくれます。エイズの問題も今は治療法も生まれ、社会もある程度許容できるようになり、社会問題として前面には出ていませんが、エイズに代わるような問題は常に生まれています。米国社会では、移民、特に中南米移民に対する偏見や怖れに満ちた政府の対応に国内が分裂していますし、同性愛者や性転換者などに対する差別や偏見もエイズ時代から続いています。どこの国でも社会を分断し、一人ひとりの価値観を問うような問題が生まれています。そういう時に、一人の人間として、社会の一員として、そして進化しつづける魂として、どう考え、どう行動するか、私たちは常に問われています。

この本ではバーソロミューがよく使う言葉の定義が最後に出てきます。膨大な意識の世界から人間の言葉を使って話しかける場合に多くの制約や限界が生まれるのはみなさんも理解できるでしょう。そのため、バーソロミューは普通の英語の言葉に自分なりの意味合いを含めることが多々あります。それを英語版編集者が説明しています。英語でもバーソロミューの言葉は時々不自然な感じがします。原書でも大文字にしたり、ゴシック体にしたり、言葉で表しきれない意味やニュアンスを何とか表現しようと、編集者も苦労したようです。

本書の翻訳出版にあたっては、私の個人的な事情により当初の予定より一年以上も遅れてしまい、ご迷惑をおかけしました。お詫びいたします。それにもかかわらず、忍耐強く待ってくださったナチュラルスピリット社の今井社長に深く感謝いたします。また、『バーソロミュー2』『バーソロミュー3』に引き続き、編集の労を取ってくださった澤田美希さんに大変お世話になりました。ありがとうございます。

最後に、日本のみなさまに私の拙い翻訳を通してバーソロミューの深い愛とメッセージが届きますように祈ります。

二〇一九年十二月

米国ワシントン州シアトル郊外にて

ヒューイ陽子

引用文献／『全訳 易経』田中佩刀 著／明徳出版社　P78、83、97-98より引用

■チャネル
メアリーマーガレット・ムーア（Mary - Margaret Moore）

米国ニューメキシコ州サンタフェ在住。ハワイ諸島で育ち、幼い頃からハワイのさまざまな宗教の異なる概念に触れる。9歳のときのある体験により、自分が見聞きしているすべての宗教の中心には、真理を発見する道があることを知る。それは、どんな人生を歩んだ人であれ、すべての人はその道を知るパワーにアクセスできるということ。以来、内在する聖なるパワーとの結びつきに気づくための、あらゆる方法を学んできた。

1977年に、バーソロミューとして知られるエネルギーが人生に入ってきたことにより、18年間ともに仕事をしてきたが、自分の内なる存在を発見するために必要な情報をバーソロミューがすべて与えたことを理由に、その教えは95年に終了。

本書以外のバーソロミューの本として、『バーソロミュー――大いなる叡智が語る愛と覚醒《めざめ》のメッセージ』『バーソロミュー2――夢から目覚める』『バーソロミュー3――大いなる叡智が語る平和への祈り』（ナチュラルスピリット）、『バーソロミューの旅日記　上下巻』（マホロバアート）がある。

現在は、米国ニューメキシコ州で公開ミーティング、ワークショップ、カウンセリングなどの活動を行っている。

ホームページ　http://www.marymargaretmoore.com/

■訳者
ヒューイ陽子（Yoko Huey）
1948年福岡市生まれ。津田塾大学英文科卒業。米国ジョージタウン大学言語学科修士過程およびバスティア大学応用行動科学科修士課程修了。大学講師、外資系企業勤務、翻訳業などを経て、現在はシアトルで心理カウンセラーとして開業。訳書に、『バーソロミュー』のシリーズ（マホロバアート、ナチュラルスピリット）、『ソース』（ヴォイス）などがある。

＊ 1994年に開催された、バーソロミューの日本ワークショップの内容を記録した、MP3ファイルのダウンロード販売につきましては、下記のサイトへお問い合わせください。
シンプル堂　http://www.simple-dou.com/details1.html

バーソロミュー4

大いなる叡智が語る内なる神性の目覚め

●

2020年2月6日　初版発行

著者／バーソロミュー
チャネル／メアリーマーガレット・ムーア
訳者／ヒューイ陽子

編集／澤田美希
本文デザイン・DTP／山中 央

発行者／今井博揮
発行所／株式会社ナチュラルスピリット
〒101-0051 東京都千代田区神田神保町3-2　高橋ビル2階
TEL 03-6450-5938　FAX 03-6450-5978
E-mail　info@naturalspirit.co.jp
ホームページ　https://www.naturalspirit.co.jp/

印刷所／モリモト印刷株式会社

ISBN978-4-86451-328-9　C0011
落丁・乱丁の場合はお取り替えいたします。
定価はカバーに表示してあります。